VERSIÓN EQUIPO

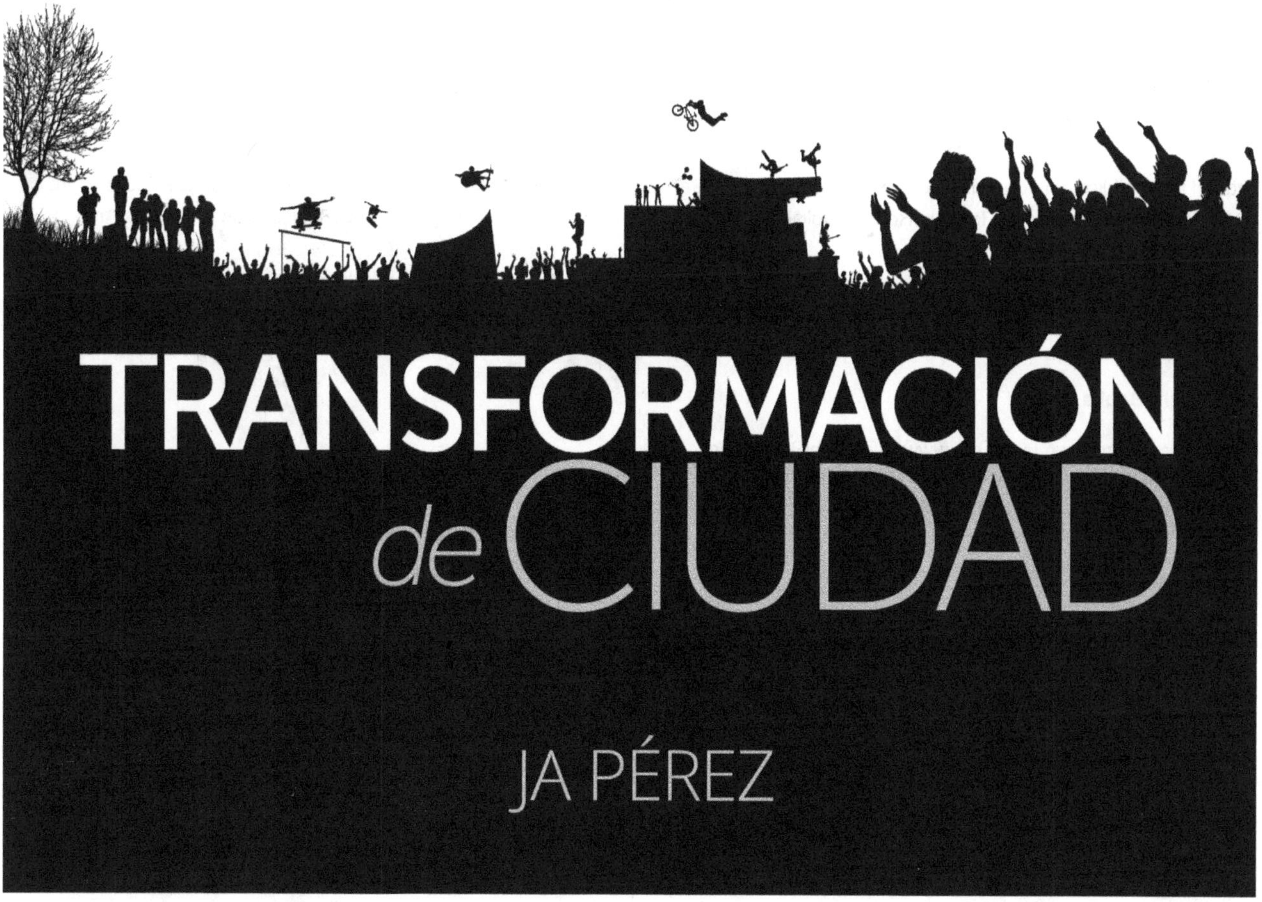

TRANSFORMACIÓN de CIUDAD

JA PÉREZ

Transformación de Ciudad *Versión Equipo*

© 2014 JA Pérez Association

Todos los derechos reservados en toda imagen y letra. Copyright © 2014 por JA Pérez Association.

Nota de derechos

Todos los derechos reservados. Ninguna parte de este libro puede ser reproducida o transmitida en forma alguna ya sea por medios electrónicos, mecánicos, fotocopiados, grabados o en ninguna otra forma sin el expreso consentimiento escrito de la publicadora.

Nota sobre riesgos

La información contenida en este libro es distribuida "como está" y sin garantías. Ni el autor ni Keen Sight Books se hacen responsables en cuanto a daños causados por interpretaciones individuales privadas del contenido aquí expuesto.

Marcas Registradas

Transformación de Ciudad *Versión Equipo* es un título publicado y distribuido por Keen Sight Books. Todas las otras marcas mencionadas son propiedad de sus respectivos dueños.

Todo el texto bíblico sin otra indicación ha sido tomado de la Santa Biblia, Nueva Traducción Viviente, © Tyndale House Foundation, 2010. Usado con permiso de Tyndale House Publishers, Inc., 351 Executive Dr., Carol Stream, IL 60188, Estados Unidos de América. Todos los derechos reservados.

Excepto donde se indique, todos los otros textos bíblicos han sido extraidos de la versión Reina-Valera 1960. © 1960 Sociedades Bíblicas en América Latina; © renovado 1988 Sociedades Bíblicas Unidas. Reina-Valera 1960™ es una marca registrada de la American Bible Society.

Keen Sight Books

Puede encontrarnos en la red en: www.KeenSightBooks.com
Reportar errores de imprenta a errata@keensightbooks.com

ISBN: 978-0615968186

Printed in the U.S.A.

agradecimientos

A mi Dios, por todo y a mi esposa e hijos, quienes pacientemente me prestan de su tiempo para escribir.
A Berenice Ortega por su labor en la transcripción y adaptación de lenguaje en Discípulo 3.0
A mi madre por su ayuda en las correcciones al manuscrito.
A Link, nuestro hermoso gato que fielmente me acompaña siempre mientras escribo.

Contenido

Instruccion al Evangelismo 7

8 razones por las cuales debemos evangelizar 9

Parte 1 Disposición para hacer evangelismo

1 Calzados con la disposición de proclamar 13

2 Arena del Evangelismo: Lo que está en juego.. 17

3 La responsabilidad: ¿Qué debemos hacer? 21

4 La estrategia: ¿Cómo lo hacemos? 23

5 El compas: punto de partida 25

6 Lo indispensable: Que debo traer conmigo 29

7 Bases doctrinales 31

8 Influencias externas 33

Parte 2 El Modelo

9 El modelo: Ejemplo a seguir 35

10 La manera en que la palabra corre 37

11 Nuestro ejemplo 41

12 Ejemplo de Pablo 43

13 Aprovechando Tiempo y Ocasión 47

Parte 3 Evangelismo como un estilo de vida

14 Compartiendo mientras voy 51

15 Tiempo y Oportunidad 53

16 Guía De Evangelismo Personal 55

Parte 4 Integración

17 Trabajo de seguimiento 59

Discípulo 3.0

18 Las Bases 63

19 Antes de Comenzar 67

20 Concepto de Discípulo 69

Las 12 Marcas del Discípulo

1 Un discípulo es alguien que sigue 77

2 Un discípulo de Cristo se sienta a la mesa con pecadores 81

3 Un discípulo sigue instrucciones 85

4 El alimento es primero al discípulo y luego a la multitud 87

5 Los discípulos son buenos en relaciones públicas 91

6 El discípulo tiene información clasificada y confidencial 93

7 No se puede ser un buen discípulo sin sacrificar algo 97

8 Discípulos cuidan a su maestro 99

9 Un discípulo es obediente 101

10 Un discípulo es parte del futuro 103

11 Comunión es un asunto de discípulo 105

12 Un discípulo siempre regresa 107

Juntos: En la Jornada 111

Otros libros del autor 119

Permítanos orar con usted 124

Introducción al Evangelismo

Evangelismo significa: *"La fiel abogacía a favor la propagación del Evangelio"*. El concepto es derivado directa y literalmente de la palabra griega euanghélion que quiere decir "buenas noticias".

Las buenas noticias se deben propagar.
Lee la historia de unos leprosos en Israel (II Reyes 6:24-31 y 7:3-15) y anota tus observaciones al respecto.
Felipe fue llamado "El Evangelista" (Hechos 21:8). Lee acerca de él para descubrir qué hacía, cómo lo hacía, y por qué lo hacía (Hechos 8).

Hay por lo menos dos niveles de evangelismo que no debemos confundir.
1. El vocacional: los que como Felipe funcionan en el Cuerpo como evangelistas - Ef 4:11,12
2. El espontáneo o natural: los que quieren ganar a sus amigos, familiares, vecinos, compañeros, etc. con el testimonio de lo que Cristo ha hecho en sus vidas.

Esta *Escuela de Evangelismo Creativo*™ tratará mayormente con el segundo a lo cual llamaremos: "Evangelismo Personal", y los modelos que usa la *Asociación JA Pérez* para el funcionamiento de evangelismo personal alrededor de un evento de *Transformación de Ciudad*.
Intentaremos entender lo que Dios dice sobre como compartir las "buenas noticias" y las herramientas que Él ha puesto en nuestras manos.

Notas

8 razones por las cuales debemos evangelizar

Hablemos de 8 razones muy básicas que sustentan el por qué la iglesia de Cristo debe salir de sus templos e ir en pos de las almas.

1. Porque es un _____ del Señor Jesucristo para los creyentes.
Si un encargo, el Señor Jesucristo dejó a la iglesia es este:

> *Entonces les dijo: «Vayan por todo el mundo y prediquen la Buena Noticia a todos. (Marcos 16:15 NTV)*

Predicad el evangelio no es un opción, es un mandato.

2. Porque el Señor Jesucristo nos _____ en la tarea de proclamar el evangelio.
En la proclamación del evangelio, no estamos solos. El Señor Jesús nos acompaña. Cuando usted esté compartiendo la Palabra, sienta que el Dios de poder está allí, a su lado: *"Y los discípulos fueron por todas partes y predicaron, y el Señor actuaba por medio de ellos confirmando con muchas señales milagrosas lo que decían."(v.20).*

3. Porque para eso hemos recibido el _____ _____.
Si Dios no nos hubiese dado las herramientas o el respaldo para hacerlo, entonces tendríamos una buena excusa para no hacerlo. Diríamos *"no tengo con qué hacerlo"*. Sin embargo, por esta misma razón. Dios nos ha

dado "poder", esa es la clave de la promesa que habríamos de recibir.

> *...pero recibirán poder cuando el Espíritu Santo descienda sobre ustedes; y serán mis testigos, y le hablarán a la gente acerca de mí en todas partes: en Jerusalén, por toda Judea, en Samaria y hasta los lugares más lejanos de la tierra. (Hechos 1:8 NTV)*

4. Porque Dios ha _____ que seamos nosotros quienes lo hagamos.

¿Pudiera Dios hacer el trabajo Él solo?

Por supuesto. Para Dios no hay nada imposible. Sin embargo, Él ha decidido incluirnos en la misión de reconciliar consigo al mundo.

> *Y todo esto es un regalo de Dios, quien nos trajo de vuelta a sí mismo por medio de Cristo. Y Dios nos ha dado la tarea de reconciliar a la gente con él. ues Dios estaba en Cristo reconciliando al mundo consigo mismo, no tomando más en cuenta el pecado de la gente. Y nos dio a nosotros este maravilloso mensaje de reconciliación. (2 Corintios 5:18,19 NTV)*

Note que *"la palabra de reconciliación"* nos ha sido encargada a nosotros.

¡Qué tremendo privilegio, que Dios nos tome en cuenta a nosotros en su trabajo de reconciliar consigo al mundo!

5. Porque estamos en _____ con Dios.

Dios nos salvó aun estando nosotros muertos en nuestros delitos y pecados. Lo hizo por gracia cuando no nos lo merecíamos.

Seríamos unos malagradecidos si nos callamos y no compartimos con otros esta gran noticia.

Como los leprosos a los cuales habíamos mencionado en la introducción, cuando estos recibieron la *"buena nueva"* de la inesperada abundancia en la que entraron, estos entendieron que no debían quedarse callados.

Lea conmigo en segunda de Reyes...

> *Cuando los leprosos llegaron al límite del campamento, fueron de carpa en carpa, comieron y bebieron vino, sacaron plata, oro y ropa, y escondieron todo. Finalmente se dijeron entre ellos: «Esto no está bien. Hoy es un día de buenas noticias, ¡y nosotros no lo hemos dicho a nadie! Si esperamos hasta la mañana, seguro que nos ocurre alguna calamidad. ¡Vamos, regresemos al palacio y contémosle a la gente!». (2 Reyes 7:8,9 NTV)*

¿Te quedarás callado con lo que Dios ha hecho en tu vida?

Eso no está bien.

Mire lo que el Señor encomienda a sus discípulos:

> *Sanen a los enfermos, resuciten a los muertos, curen a los leprosos y expulsen a los demonios. ¡Den tan gratuitamente como han recibido! (Mateo 10:8 NTV)*

Así es. Debes dar de gracia lo que por gracia recibisteis.

6. Porque _____.

No es solamente porque es un mandato. Dios nos ha mandado a hacer algo que funciona. Trae frutos. El profeta Isaías dice:

> *»La lluvia y la nieve descienden de los cielos y quedan en el suelo para regar la tierra. Hacen crecer el grano, y producen semillas para el agricultor y pan para el hambriento. Lo mismo sucede con mi palabra. La envío y siempre produce fruto; logrará todo lo que yo quiero, y prosperará en todos los lugares donde yo la envíe. (Isaías 55:10,11 NTV)*

La palabra de Dios no regresa vacía. Dios siempre va a hacer que cumpla su propósito.

7. Porque es _____ de hacer.

No. No necesitamos ser doctos para hacerlo.

Tan sencillo como solamente decir lo que Dios ha hecho en nuestra vida, y luego, si quieren más explicaciones… vengan yo les llevo a aquel que lo hizo en mi. Como aquel ciego a quien el Señor dio la vista. Cuando cuestionaron sobre el que le había sanado, él dijo:

> *—Yo no sé si es un pecador —respondió el hombre—, pero lo que sé es que yo antes era ciego, ¡y ahora puedo ver! (Juan 9:25 NTV)*

Así de sencillo. Antes no veía. Ahora veo.

En ocasiones nos intimidamos porque pensamos que las personas a quienes les hablamos de Cristo, nos van a hacer una lista de preguntas complicadas y no vamos a saber cómo responder.

En realidad no necesitamos tener un doctorado en Teología para ganar almas.

No recuerdo la última vez que alguien ganó a alguien para Cristo, respondiendo una lista de preguntas teológicas.

Sí he oído muchas veces sobre personas que han sido ganadas con la sencillez de alguien que testifica que no veía (espiritualmente) y ahora ve.

✒ *Quienes evangelizan con mayor eficacia, no son necesariamente aquellos que han tenido una mayor formación teológica. Generalmente son personas sencillas que han experimentado el _____ transformador de Jesucristo y tienen pasión por llevar la Palabra a todos los rincones.*

Cierto día, mientras Jesús caminaba por la orilla del mar de Galilea, vio a dos hermanos —a Simón, también llamado Pedro, y a Andrés— que echaban la red al agua, porque vivían de la pesca. Jesús los llamó: «Vengan, síganme, ¡y yo les enseñaré cómo pescar personas!». Y enseguida dejaron las redes y lo siguieron. (Mateo 4:18-20 NTV)

Estos no eran teólogos, eran pescadores.

8- Porque cuando nos _____, no es a nosotros a quien _____.

Nosotros solamente somos quienes traemos las buenas nuevas. Nosotros no producimos el mensaje, este lo produce Dios.

✒ *El que produce el _____ es responsable por el contenido.*

Recuerde a Pablo cuando iba camino a Damasco persiguiendo a la iglesia. Dios le dice: *"¿por qué me persigues?"*
…y cayendo en tierra, oyó una voz que le decía: Saulo, Saulo, ¿por qué me persigues?
El dijo:

¿Quién eres, Señor? Y le dijo: Yo soy Jesús, a quien tú persigues; dura cosa te es dar coces contra el aguijón.

Cuando nos rechazan, no es contra nosotros que se rebelan, es contra Dios.

Taller 1

parte 1
Disposición para hacer evangelismo

Calzados con la disposición de proclamar 1

Antes de comenzar a caminar... preparemos nuestros pies.

> *Pónganse como calzado la paz que proviene de la Buena Noticia a fin de estar completamente preparados. (Efesios 6:15 NTV)*

Pareciera que más y más, cada vez que uno oye la exposición de este pasaje (incluyendo los versículos anteriores a este), los expositores lo enlazan directamente con lucha espiritual con fuerzas invisibles, espíritus malos, etc.

Sin embargo, es importante ver que el pasaje nos es dado por Pablo en contorno a la proclamación del evangelio.
A primera vista pareciera que el objetivo central de este versículo, es exclusivamente la evangelización.
Si bien esta actividad no está excluida, este elemento simbólico de la armadura, además nos habla de la lucha a la que estamos expuestos por causa de haber nacido de nuevo y haber aceptado servir a Cristo.

Recordemos un pensamiento que ya hemos comentado:
- La Armadura es un simbolismo espiritual.
- No la diseñamos ni la fabricamos nosotros, sino que es provista por Dios.

El Apóstol Pablo se refiere a la DISPOSICIÓN para la Lucha Espiritual a la que estamos sometidos.
Es decir, cómo vivir diariamente, hacer todas las cosas, enfrentar todas las circunstancias, etc.

Y a la vez estar preparados, porque ante cualquier descuido podemos ser atacados por un dardo que trataría de interrumpir el propósito por el que nos ponemos la armadura en primer lugar.

El caso que nos preocupa hoy es guardar los pies con una parte de la armadura espiritual, de la misma manera como debo proteger cualquier otra parte de mi cuerpo, considerando que debemos llevar el mensaje de las buenas nuevas, de la Paz, en toda ocasión que se nos presente.

Para un soldado de un ejército que entra en combate es importante su preparación previa, pero también lo es, que vaya "equipado" convenientemente.
¿Pueden imaginarse a un guerrero protegido con casco, coraza y buen armamento, en zapatillas de deportes?

> *✏ El mensaje del Evangelio no consiste solamente en _____ a la gente como quien está haciendo una obra más; sino con el "apresto" o _____ para estar firmes en la lucha de extender el nombre de Cristo y Su Poder.*

Toda la armadura está preparada para resistir, pero los pies bien calzados, simbolizan la fuerza de voluntad y de obediencia para "IR", y obedecer el mandato:

"Por tanto **"ID"** Y HACED DISCÍPULOS A TODAS LAS NACIONES".

La mente dispone, y los pies obedecen; y no podemos dejarlos vulnerables.
En otras palabras, *"debemos equiparnos antes de IR"*.

Pongamos el pasaje en contexto histórico. Vámonos a la época.

El Talón de Aquiles.

El primero y más grande de los poetas griegos, llamado Homero, escribió una historia imaginaria en su Libro *"La Ilíada"*. En esta fábula se narra que una madre sumergió a su bebé recién nacido en *"aguas milagrosas"* para protegerlo de la muerte, porque sabía que cuando fuese hombre sería un célebre guerrero. Y así fue. Pero cuando sumergió a su niño en el agua lo cogió de un talón de su pie, de manera que ese talón no fue sumergido.

Este guerrero fue Aquiles, y de allí que solemos mencionar esa parte de nuestro pie como el *Talón de Aquiles*.

En la guerra de Troya, una flecha perdida se le clavó justamente en ese talón que no estaba *"protegido"* y murió.

Esto no es más que una fábula, que aunque irreal quedó como una ilustración y resulta apropiada en esta ocasión para tener en cuenta que no debemos dejar al salir a la batalla nada al descubierto, porque concedemos así la oportunidad de que seamos heridos en el proceso.

¿No es verdad que cada vez que se presenta la oportunidad de salir a evangelizar hay una fuerza (personal y distinta) que se opone a esa labor?

La mente elabora sus propias excusas: *"Tengo vergüenza"*, *"No estoy preparado"*. *"La última vez se han burlado de mí"*.

Nada de esto es impedimento para cumplir con la comisión de anunciar el *Evangelio de la Paz*, por lo tanto le atribuimos a estos argumentos la fuerza negativa para impedir que obedezcamos. Nuestros pies debieran estar dispuestos para salir e ir al lugar que se nos ha ordenado, bien protegidos de estas mentiras.

La lucha está entablada y nada nos debiera frenar, sino resistir y "estar firmes".

No siempre todo ocurre así.

Tengamos presente siempre si nuestros pies están donde deben estar.

A veces nos encontramos en sitios donde sabemos que pisamos *"el borde"* del peligro.

Confiamos y caemos. No debemos descuidar la protección de la armadura para nuestros pies, porque es muy arriesgado jugar con los límites.

En las carreteras se suelen aplicar en los bordes una franja dentada que al ser pisada por las ruedas de los vehículos produce un zumbido, que avisa al conductor que debe volver *"al camino"*.

Esta sería la función principal del calzado de la armadura.

Algo más en cuanto a los pies.

> *Los sacerdotes llevarán el arca del Señor, el Señor de toda la tierra. En cuanto sus pies toquen el agua, la corriente de agua se detendrá río arriba, y el río se levantará como un muro»* (Josué 3:13 NTV)

Es posible que para muchos, una actividad tan importante como es la *"Disposición"* de proclamar el Evangelio de la Paz, no la relacionemos con los pies, que son parte de nuestro cuerpo. Tal vez no les hemos dado mucha participación.

Nos hemos preocupado por nuestro corazón, nuestra mente, fuerza de voluntad, conocimiento, etc. Para Dios fue tan importante como para decirle a Moisés:

> *Todo lugar que pises con la planta de tus pies será tuyo. Tus fronteras se extenderán desde el desierto, en el sur, hasta el Líbano, en el norte, y desde el río Éufrates, al oriente, hasta el mar Mediterráneo, en el occidente. Dondequiera que vayas en la tierra, nadie podrá hacerte frente, porque el Señor tu Dios hará que los habitantes te teman y se espanten, tal como lo prometió.* (Deuteronomio 11:24,25 NTV)

Y por último cabe señalar lo que dice Pablo:

> *... ¿Y cómo irá alguien a contarles sin ser enviado? Por eso, las Escrituras dicen: «¡Qué hermosos son los pies de los mensajeros que traen buenas noticias!»* (Rom 10:15 NTV)

Preparémonos para llevar el Evangelio a los que no conocen... largo camino nos queda por recorrer.

Arena del Evangelismo: Lo que está en juego 2

1- ¿Qué implica evangelizar?

Traer la _____ _____.

¡Qué hermosos son sobre los montes los pies del mensajero que trae buenas noticias, buenas noticias de paz y de salvación, las noticias de que el Dios de Israel reina! (Is 52:7NTV)

2- ¿Es algo opcional hablar de la salvación a otros?

No es opcional. Es un _____.

> *Ahora, hijo de hombre, te pongo por centinela del pueblo de Israel. Por lo tanto, escucha lo que digo y adviérteles de mi parte. Si yo anuncio que unos malvados de cierto morirán y tú no les dices que cambien su manera de vivir, entonces ellos morirán en sus pecados y te haré a ti responsable de su muerte. En cambio, si les adviertes que se arrepientan y no lo hacen, morirán en sus pecados, pero tú te habrás salvado. (Ez 33:7-9 NTV)*

3- ¿Qué significa ser un pecador?

Es una persona que está _____ de Dios y necesita oir el mensaje de salvación.

> *Pues la paga que deja el pecado es la muerte, pero el regalo que Dios da es la vida eterna por medio de Cristo Jesús nuestro Señor. (Rom 6:23 NTV)*

4- ¿Cuál es el único medio de salvación?

El Evangelio, el cual nos presenta a _____ como único salvador.

> *Pues no me avergüenzo de la Buena Noticia acerca de Cristo, porque es poder de Dios en acción para salvar a todos los que creen, a los judíos primero y también a los gentiles. (Rom 1:16 NTV)*

5- ¿Somos todos hijos de Dios?

No. Solo quien le _____.

> *pero a todos los que creyeron en él y lo recibieron, les dio el derecho de llegar a ser hijos de Dios. (Jn 1:12 NTV)*

> *Pues ustedes son hijos de su padre, el diablo, y les encanta hacer las cosas malvadas que él hace. Él ha sido asesino desde el principio y siempre ha odiado la verdad, porque en él no hay verdad. Cuando miente, actúa de acuerdo con su naturaleza porque es mentiroso y el padre de la mentira. (Jn 8:44 NTV)*

6- ¿Qué interés debe movernos hacia el prójimo?

- Dios quiere _____ vidas, hacerlas nuevas criaturas.
- Nos ha sido encargado el ministerio de la _____.
- Porque somos _____ representando un reino.

Esto significa que todo el que pertenece a Cristo se ha convertido en una persona nueva. La vida antigua ha pasado, ¡una nueva vida ha comenzado!

Y todo esto es un regalo de Dios, quien nos trajo de vuelta a sí mismo por medio de Cristo. Y Dios nos ha dado la tarea de reconciliar a la gente con él. Pues Dios estaba en Cristo reconciliando al mundo consigo mismo, no tomando más en cuenta el pecado de la gente. Y nos dio a nosotros este maravilloso mensaje de reconciliación. Así que somos embajadores de Cristo; Dios hace su llamado por medio de nosotros. Hablamos en nombre de Cristo cuando les rogamos: «¡Vuelvan a Dios!». (2 Cor 5:17-20 NTV)

7- ¿Cuál es la necesidad de la multitud y como debe ser llenada?

Las personas están desamparadas y dispersas.

Necesitamos ir (como obreros) y _____ la buenas nuevas, pues la mies es mucha.

Cuando vio a las multitudes, les tuvo compasión, porque estaban confundidas y desamparadas, como ovejas sin pastor. 37 A sus discípulos les dijo: «La cosecha es grande, pero los obreros son pocos. 38 Así que oren al Señor que está a cargo de la cosecha; pídanle que envíe más obreros a sus campos». (Mt 9:36-38 NTV)

8- ¿Qué está en juego para el que no conoce a Dios?

Perdición eterna o _____ eterna con Dios.

»Pues Dios amó tanto al mundo que dio a su único Hijo, para que todo el que crea en él no se pierda, sino que tenga vida eterna. (Jn 3:16 NTV)

Notas

La responsabilidad: ¿Qué debemos hacer? 3

1- ¿A quién se da la instrucción?

A sus _____, a su iglesia. Nosotros somos su discípulos.

> *Incluso más tarde, se apareció a los once discípulos mientras comían juntos. Los reprendió por su obstinada incredulidad, porque se habían negado a creer a los que lo habían visto después de que resucitó. Entonces les dijo: «Vayan por todo el mundo y prediquen la Buena Noticia a todos. (Mr 16:14,15 NTV)*

2- ¿Es la meta hacer seguidores y/o convertidos?

La meta es hacer _____ y que estos se congreguen juntos para seguir su palabra.

> *»También les digo lo siguiente: si dos de ustedes se ponen de acuerdo aquí en la tierra con respecto a cualquier cosa que pidan, mi Padre que está en el cielo lo hará. Pues donde se reúnen dos o tres en mi nombre, yo estoy allí entre ellos. (Mt 18:19,20 NTV)*

3- ¿Qué es lo que el cristiano debe hacer y qué implica?

_____ a todos que Cristo los ama para que crean y no se pierdan.

> *»Pues Dios amó tanto al mundo que dio a su único Hijo, para que todo el que crea en él no se pierda, sino que tenga vida eterna. (Jn 3:16 NTV)*

4- ¿Por qué es importante el evangelismo para el Cuerpo de Cristo?

El cuerpo de Cristo (los creyentes) son _____ y entran en la unidad de la Fe cuando hacen evangelismo.

> *Ahora bien, Cristo dio los siguientes dones a la iglesia: los apóstoles, los profetas, los evangelistas, y los pastores y maestros. 12 Ellos tienen la responsabilidad de preparar al pueblo de Dios para que lleve a cabo la obra de Dios y edifique la iglesia, es decir, el cuerpo de Cristo. 13 Ese proceso continuará hasta que todos alcancemos tal unidad en nuestra fe y conocimiento del Hijo de Dios que seamos maduros en el Señor, es decir, hasta que lleguemos a la plena y completa medida de Cristo. (Ef 4:11-13 NTV)*

5- ¿De dónde surge la fe en el que todavía no cree?

Al oir la predicación del _____.

> *¿Pero cómo pueden ellos invocarlo para que los salve si no creen en él? ¿Y cómo pueden creer en él si nunca han oído de él? ¿Y cómo pueden oír de él a menos que alguien se lo diga? 15 ¿Y cómo irá alguien a contarles sin ser enviado? Por eso, las Escrituras dicen: «¡Qué hermosos son los pies de los mensajeros que traen buenas noticias!». Sin embargo, no todos aceptan la Buena Noticia, porque el profeta Isaías dijo: «Señor, ¿quién ha creído nuestro mensaje?». Así que la fe viene por oír, es decir, por oír la Buena Noticia acerca de Cristo. (Rom 10:14-17 NTV)*

La estrategia: ¿Cómo lo hacemos? 4

1- ¿Es importante adaptar el mensaje a quien lo oye? ¿Por qué?

El _____ es el mismo siempre, pero el metodo que usamos para entregarlo debe ser relevante a cada generación, grupo y cultura.

> *A pesar de que soy un hombre libre y sin amo, me he hecho esclavo de todos para llevar a muchos a Cristo. Cuando estaba con los judíos, vivía como un judío para llevar a los judíos a Cristo. Cuando estaba con los que siguen la ley judía, yo también vivía bajo esa ley. A pesar de que no estoy sujeto a la ley, me sujetaba a ella para poder llevar a Cristo a los que están bajo la ley. Cuando estoy con los gentiles,[a] quienes no siguen la ley judía,[b] yo también vivo independiente de esa ley para poder llevarlos a Cristo; pero no ignoro la ley de Dios, obedezco la ley de Cristo. Cuando estoy con los que son débiles, me hago débil con ellos, porque deseo llevar a los débiles a Cristo. Sí, con todos trato de encontrar algo que tengamos en común, y hago todo lo posible para salvar a algunos. Hago lo que sea para difundir la Buena Noticia y participar de sus bendiciones. (1 Cor 9:19-23 NTV)*

2- ¿Es importante mi ejemplo de vida?

Absolutamente. Tu _____ es un ejemplo de lo que Dios ha hecho en tu vida.

> *Hagan todo sin quejarse y sin discutir, para que nadie pueda criticarlos. Lleven una vida limpia e inocente como corresponde a hijos de Dios y brillen como luces radiantes en un mundo lleno de gente perversa y corrupta. Aférrense a la palabra de vida; entonces, el día que Cristo*

vuelva, me sentiré orgulloso de no haber corrido la carrera en vano y de que mi trabajo no fue inútil. (Fil 2:14-16 NTV)

3- ¿Es válido usar las oportunidades para compartir con otros?

Sí. Debemos estar siempre _____ para cuando una oportunidad se presenta.

Más tarde, Mateo invitó a Jesús y a sus discípulos a una cena en su casa, junto con muchos cobradores de impuestos y otros pecadores de mala fama. 11 Cuando los fariseos vieron esto, preguntaron a los discípulos: «¿Por qué su maestro come con semejante escoria?». Cuando Jesús los oyó, les dijo: «La gente sana no necesita médico, los enfermos sí». (Mt 9:10-12 NTV)

4- ¿Es este trabajo solo para mí?

No. El evangelismo es un trabajo de _____. Cada uno hace una parte.

Yo planté la semilla en sus corazones, y Apolos la regó, pero fue Dios quien la hizo crecer. 7 No importa quién planta o quién riega, lo importante es que Dios hace crecer la semilla. 8 El que planta y el que riega trabajan en conjunto con el mismo propósito. Y cada uno será recompensado por su propio arduo trabajo. 9 Pues ambos somos trabajadores de Dios; y ustedes son el campo de cultivo de Dios, son el edificio de Dios. (1 Cor 3:6-9 NTV)

El compas: punto de partida 5

Entregando las malas noticias primero, luego las buenas.

1- ¿Cómo reaccionó Adán cuando desobedeció a Dios?
Se trató de _____ por sus propias fuerzas.

> *Cuando soplaba la brisa fresca de la tarde, el hombre y su esposa oyeron al Señor Dios caminando por el huerto. Así que se escondieron del Señor Dios entre los árboles. 9 Entonces el Señor Dios llamó al hombre: —¿Dónde estás? El hombre contestó: —Te oí caminando por el huerto, así que me escondí. Tuve miedo porque estaba desnudo. —¿Quién te dijo que estabas desnudo? —le preguntó el Señor Dios—. ¿Acaso has comido del fruto del árbol que te ordené que no comieras? (Gen 3:8-11 NTV)*

2- ¿Qué problema origina el pecado en el hombre?
El pecado nos _____ de Dios.

> *Todo el que peca viola la ley de Dios, porque todo pecado va en contra de la ley de Dios; y ustedes saben que Jesús vino para quitar nuestros pecados, y en él no hay pecado. Todo el que siga viviendo en él no pecará; pero todo el que sigue pecando no lo conoce ni entiende quién es él. Queridos hijos, no dejen que nadie los engañe acerca de lo siguiente: cuando una persona hace lo correcto, demuestra que es justa, así como Cristo es justo. Sin embargo, cuando alguien sigue pecando,*

demuestra que pertenece al diablo, el cual peca desde el principio; pero el Hijo de Dios vino para destruir las obras del diablo. Los que han nacido en la familia de Dios no se caracterizan por practicar el pecado, porque la vida de Dios está en ellos. Así que no pueden seguir pecando, porque son hijos de Dios. (1 Jn 3:4-9 NTV)

3- ¿Cómo explico que es el pecado?

- El pecado es _____ contra Dios.

    ¡Escuchen, oh cielos! ¡Presta atención, oh tierra! Esto dice el Señor: «Los hijos que crié y cuidé se han rebelado contra mí. (Is 1:2 NTV)

- Pecado es _____ creer a Dios.

    y cuando él venga, convencerá al mundo de pecado y de la justicia de Dios y del juicio que viene. El pecado del mundo consiste en que el mundo se niega a creer en mí. (Jn 16:8-9 NTV)

- Pecado es _____ de Fe.

    pero si tienes dudas acerca de si debes o no comer algo en particular, entonces es pecado comerlo. Pues no eres fiel a tus convicciones. Si haces algo que crees que está mal, pecas. (Rom 14:23 NTV)

4- ¿Cual es la necesidad urgente del no cristiano?

_____ de nuevo.

Jesús le respondió: —Te digo la verdad, a menos que nazcas de nuevo,[a] no puedes ver el reino de Dios. —¿Qué quieres decir? —exclamó Nicodemo—. ¿Cómo puede un hombre mayor volver al vientre de su madre y nacer de nuevo? Jesús le contestó: —Te digo la verdad, nadie puede entrar en el reino de Dios si no nace de agua y del Espíritu.[b] 6 El ser humano sólo puede reproducir la vida humana, pero la vida espiritual nace del Espíritu Santo.[c] 7 Así que no te sorprendas cuando digo: "Tienen que nacer de nuevo". 8 El viento sopla hacia donde quiere. De la misma manera que oyes el viento pero no sabes de dónde viene ni adónde va, tampoco puedes explicar cómo las personas nacen del Espíritu. (Jn 3:3-8 NTV)

5- ¿A qué se refiere la palabra *'condenación'*?

_____ a Jesucristo.

Esta condenación se basa en el siguiente hecho: la luz de Dios llegó al mundo, pero la gente amó más la oscuridad que la luz, porque sus acciones eran malvadas. Todos los que hacen el mal odian la luz y se niegan a acercarse a ella porque temen que sus pecados queden al descubierto, pero los que hacen lo correcto se acercan a la luz, para que otros puedan ver que están haciendo lo que Dios quiere. (Jn 3:19-21 NTV)

6- ¿Hay algún sacrificio que pueda perfeccionarnos?
Nuestras obras y esfuerzos no pueden. Pero el perfecto _____ en la cruz es suficiente.

El sistema antiguo bajo la ley de Moisés era sólo una sombra —un tenue anticipo de las cosas buenas por venir— no las cosas buenas en sí mismas. Bajo aquel sistema se repetían los sacrificios una y otra vez, año tras año, pero nunca pudieron limpiar por completo a quienes venían a adorar. (Heb 10:1 NTV)

pero nuestro Sumo Sacerdote se ofreció a sí mismo a Dios como un solo sacrificio por los pecados, válido para siempre. Luego se sentó en el lugar de honor, a la derecha de Dios. 13 Allí espera hasta que sus enemigos sean humillados y puestos por debajo de sus pies. 14 Pues mediante esa única ofrenda, él perfeccionó para siempre a los que está haciendo santos. (Heb 10:12-14 NTV)

Notas

Lo indispensable: Que debo traer conmigo 6

1- ¿Es importante estar disponible?
Debemos siempre estar _____ y _____ para responder y testificar sobre nuestra esperanza.

En cambio, adoren a Cristo como el Señor de su vida. Si alguien les pregunta acerca de la esperanza cristiana que tienen, estén siempre preparados para dar una explicación (1 Pe 3:15 NTV)

2- ¿Necesito saberlo todo?
No. No necesitas ser una persona con estudios _____ para testificar de Jesucristo. Lo que si es indespensable es tener una buena relación con Dios (Se trata de a quien conozco, no lo que conozco).

Les anunciamos lo que nosotros mismos hemos visto y oído, para que ustedes tengan comunión con nosotros; y nuestra comunión es con el Padre y con su Hijo, Jesucristo. (1 Jn 1:3 NTV)

3- ¿Tiene que ver algo mi relación con Dios?
Sí. No puedes hablar a otros de una _____ que no tienes.

»Ciertamente, yo soy la vid; ustedes son las ramas. Los que permanecen en mí y yo en ellos producirán mucho fruto porque, separados de mí, no pueden hacer nada. Jn 15:5

4- ¿Necesito estar seguro de mi salvación?
Sí. No puedes dar _____ a otros si tu no la tienes primero.

Y este es el testimonio que Dios ha dado: él nos dio vida eterna, y esa vida está en su Hijo. 12 El que tiene al Hijo tiene la vida; el que no tiene al Hijo de Dios no tiene la vida. 1 Jn 5:11,12

Notas

Bases doctrinales 7

1- ¿Qué teme la gente y quien lo ha superado?

La gente teme a la _____. Cristo venció a la muerte.

> *Él nunca pecó y jamás engañó a nadie. No respondía cuando lo insultaban ni amenazaba con vengarse cuando sufría. Dejaba su causa en manos de Dios, quien siempre juzga con justicia. Él mismo cargó nuestros pecados sobre su cuerpo en la cruz, para que nosotros podamos estar muertos al pecado y vivir para lo que es recto. Por sus heridas, son sanados. (1 Pe 2:22-24 NTV)*

> *pero el ángel les dijo: «No se alarmen. Ustedes buscan a Jesús de Nazaret,[a] el que fue crucificado. ¡No está aquí! ¡Ha resucitado! Miren, aquí es donde pusieron su cuerpo. 7 Ahora vayan y cuéntenles a sus discípulos, incluido Pedro, que Jesús va delante de ustedes a Galilea. Allí lo verán, tal como les dijo antes de morir». (Mr 16:6,7 NTV)*

2- ¿Qué camino Dios busca para el hombre?

Dios busca _____ al hombre.

> *Dios no envió a su Hijo al mundo para condenar al mundo, sino para salvarlo por medio de él. »No hay condenación para todo el que cree en él, pero todo el que no cree en él ya ha sido condenado por no haber creído en el único Hijo de Dios. (Jn 3:17-18 NTV)*

En realidad, no es que el Señor sea lento para cumplir su promesa, como algunos piensan. Al contrario, es paciente por amor a ustedes. No quiere que nadie sea destruido, quiere que todos se arrepientan. (2 Pe 3:9 NTV)

3- ¿Qué necesita el hombre para caminar con Dios?
Creer en _____.

—Nosotros también queremos realizar las obras de Dios —contestaron ellos—. ¿Qué debemos hacer? Jesús les dijo: —La única obra que Dios quiere que hagan es que crean en quien él ha enviado. (Jn 6:28,29 NTV)

4- ¿Quién escoge y trae las personas al evangelio?
Dios es el que _____ y atrae a las personas a él.

Pues nadie puede venir a mí a menos que me lo traiga el Padre, que me envió, y yo lo resucitaré en el día final. (Jn 6:44 NTV)

5- ¿Qué diferencia hay entre lo que Dios ama y lo que detesta?
Dios ama al _____ y destesta el _____.

»Pues Dios amó tanto al mundo que dio a su único Hijo, para que todo el que crea en él no se pierda, sino que tenga vida eterna. (Jn 3:16 NTV)

No amen a este mundo ni las cosas que les ofrece porque cuando aman al mundo, no tienen el amor del Padre en ustedes. (1 Jn 2:15 NTV)

Influencias externas 8

1- ¿Tienen los perdidos alguna influencia externa que les frene de oír y aceptar el evangelio?
Cuando no estás en Cristo estás conforme a la corriente de este mundo, conforme el _____ que ahora opera en los hijos de desobediencia.

> *Vivían en pecado, igual que el resto de la gente, obedeciendo al diablo —el líder de los poderes del mundo invisible—, quien es el espíritu que actúa en el corazón de los que se niegan a obedecer a Dios. (Ef 2:2 NTV)*

2- ¿Qué rompe esa influencia externa?
El poder del _____.

> *Pues no me avergüenzo de la Buena Noticia acerca de Cristo, porque es poder de Dios en acción para salvar a todos los que creen, a los judíos primero y también a los gentiles. (Rom 1:16 NTV)*

3- ¿Cómo y cuando se rompe esa influencia externa?
La predicación del _____.

> *Ya que Dios, en su sabiduría se aseguró de que el mundo nunca lo conociera por medio de la sabiduría humana, usó nuestra predicación «ridícula» para salvar a los que creen. (1 Cor 1:21 NTV)*

4- ¿Cuándo hablamos y cuando nos callamos?

Debemos estar listos para hablar cada vez que se presente la _____.

> *predica la palabra de Dios. Mantente preparado, sea o no el tiempo oportuno. Corrige, reprende y anima a tu gente con paciencia y buena enseñanza. (2 Tim 4:2 NTV)*

Taller 2

parte 2
El modelo

El modelo: Ejemplo a seguir 9

1- ¿Qué deberá hacer el hombre sanado y por qué?
_____ lo que Dios ha hecho en su vida.

> *Mientras Jesús entraba en la barca, el hombre que había estado poseído por los demonios le suplicaba que le permitiera acompañarlo. Pero Jesús le dijo: «No. Ve a tu casa y a tu familia y diles todo lo que el Señor ha hecho por ti y lo misericordioso que ha sido contigo». Así que el hombre salió a visitar las Diez Ciudades de esa región y comenzó a proclamar las grandes cosas que Jesús había hecho por él; y todos quedaban asombrados de lo que les decía. (Mr 5:18-20 NTV)*

2- ¿Porqué Pedro y Juan no se quedaron callados?
Por que estaban _____ con Dios y eran testigos de lo que habían visto y oído.

> *Entonces llamaron nuevamente a los apóstoles y les ordenaron que nunca más hablaran ni enseñaran en el nombre de Jesús. Pero Pedro y Juan respondieron: «¿Acaso piensan que Dios quiere que los obedezcamos a ustedes en lugar de a él? Nosotros no podemos dejar de hablar acerca de todo lo que hemos visto y oído». (Hch 4:18-20 NTV)*

3- ¿Existen diferencias de actitud al compartir el evangelio?
Cuando reconoces el Poder del Evangelio puedes hablar _____.

> *Sin embargo, hubo muchos que sí creyeron en él, entre ellos, algunos líderes judíos; pero no*

lo admitían por temor a que los fariseos los expulsaran de la sinagoga; porque amaban más la aprobación humana que la aprobación de Dios. (Jn 12:42,43 NTV)

Pues no me avergüenzo de la Buena Noticia acerca de Cristo, porque es poder de Dios en acción para salvar a todos los que creen, a los judíos primero y también a los gentiles. (Rom 1:16 NTV)

4- ¿Cómo Cristo nos prepara la oportunidad para traer el mensaje?

Cuando practicamos _____, y otros oyen, tenemos la oportunidad de mostrar que Cristo está en nosotros.

»No te pido sólo por estos discípulos, sino también por todos los que creerán en mí por el mensaje de ellos. Te pido que todos sean uno, así como tú y yo somos uno, es decir, como tú estás en mí, Padre, y yo estoy en ti. Y que ellos estén en nosotros, para que el mundo crea que tú me enviaste. »Les he dado la gloria que tú me diste, para que sean uno, como nosotros somos uno. Yo estoy en ellos, y tú estás en mí. Que gocen de una unidad tan perfecta que el mundo sepa que tú me enviaste y que los amas tanto como me amas a mí. (Jn 17:20-23 NTV)

La manera en que la palabra corre 10

1- ¿Qué debo anunciar a otros?

Lo que hemos visto y oido. Somos _____.

> *Les anunciamos lo que nosotros mismos hemos visto y oído, para que ustedes tengan comunión con nosotros; y nuestra comunión es con el Padre y con su Hijo, Jesucristo. (1 Jn 1:3 NTV)*

2- ¿Es muy difícil?

No. En realidad, Dios es el que llama. Nosotros solo somos _____.

> *Ahora bien, había un creyente[a] en Damasco llamado Ananías. El Señor le habló en una visión, lo llamó: —¡Ananías! —¡Sí, Señor! —respondió. El Señor le dijo: —Ve a la calle llamada Derecha, a la casa de Judas. Cuando llegues, pregunta por un hombre de Tarso que se llama Saulo. En este momento, él está orando. Le he mostrado en visión a un hombre llamado Ananías que entra y pone las manos sobre él para que recobre la vista. —¡Pero Señor! —exclamó Ananías—, ¡he oído a mucha gente hablar de las cosas terribles que ese hombre les ha hecho a los creyentes de Jerusalén! Además, tiene la autorización de los sacerdotes principales para arrestar a todos los que invocan tu nombre. El Señor le dijo: —Ve, porque él es mi instrumento elegido para llevar mi mensaje a los gentiles y a reyes, como también al pueblo de Israel... (Hch 9:10-15 NTV)*

Amados hermanos, la primera vez que los visité, no me valí de palabras elevadas ni de una sabiduría impresionante para contarles acerca del plan secreto de Dios. Pues decidí que, mientras estuviera con ustedes, olvidaría todo excepto a Jesucristo, el que fue crucificado. Me acerqué a ustedes en debilidad: con timidez y temblor. Y mi mensaje y mi predicación fueron muy sencillos. En lugar de usar discursos ingeniosos y persuasivos, confié solamente en el poder del Espíritu Santo. 5 Lo hice así para que ustedes no confiaran en la sabiduría humana sino en el poder de Dios. (1 Cor 2:1-5 NTV)

3- ¿Cómo Dios nos acerca a Él?

Por medio de la _____ de su palabra.

No hay diferencia entre los judíos y los gentiles[a] en ese sentido. Ambos tienen al mismo Señor, quien da con generosidad a todos los que lo invocan. Pues «todo el que invoque el nombre del Señor será salvo». ¿Pero cómo pueden ellos invocarlo para que los salve si no creen en él? ¿Y cómo pueden creer en él si nunca han oído de él? ¿Y cómo pueden oír de él a menos que alguien se lo diga? ¿Y cómo irá alguien a contarles sin ser enviado? Por eso, las Escrituras dicen: «¡Qué hermosos son los pies de los mensajeros que traen buenas noticias!». Sin embargo, no todos aceptan la Buena Noticia, porque el profeta Isaías dijo: «Señor, ¿quién ha creído nuestro mensaje?». Así que la fe viene por oír, es decir, por oír la Buena Noticia acerca de Cristo. (Rom 10:12-17 NTV)

4- ¿Qué razón te motiva más en tu testimonio?
Que soy un _____.

Así que somos embajadores de Cristo; Dios hace su llamado por medio de nosotros. Hablamos en nombre de Cristo cuando les rogamos: «¡Vuelvan a Dios!». (2 Cor 5:20 NTV)

5- ¿Cómo y dónde comienzo?
Siendo lleno de su Espíritu comienzo a testificar en mi _____ inmediato (mi Jerusalén).

pero recibirán poder cuando el Espíritu Santo descienda sobre ustedes; y serán mis testigos, y le hablarán a la gente acerca de mí en todas partes: en Jerusalén, por toda Judea, en Samaria y hasta los lugares más lejanos de la tierra. (Hch 1:8 NTV)

Notas

Nuestro ejemplo 11

1- ¿Qué me diferencia a los no-creyentes?

Que no soy de este _____.

> *Les he dado tu palabra, y el mundo los odia, porque ellos no pertenecen al mundo, así como yo tampoco pertenezco al mundo. No te pido que los quites del mundo, sino que los protejas del maligno. Al igual que yo, ellos no pertenecen a este mundo. (Jn 17:14-16 NTV)*

2- ¿Cómo saben otros que soy discípulo de Cristo?

Por el _____ que muestro.

> *Así que ahora les doy un nuevo mandamiento: ámense unos a otros. Tal como yo los he amado, ustedes deben amarse unos a otros. El amor que tengan unos por otros será la prueba ante el mundo de que son mis discípulos». (Jn 13:34,35 NTV)*

3- ¿Cuál debe ser mi comportamiento?

Soy _____ y luz en las tinieblas.

> *»Ustedes son la sal de la tierra. Pero ¿para qué sirve la sal si ha perdido su sabor? ¿Pueden lograr que vuelva a ser salada? La descartarán y la pisotearán como algo que no tiene ningún valor. »Ustedes son la luz del mundo, como una ciudad en lo alto de una colina que no puede esconderse. Nadie enciende una lámpara y luego la pone debajo de una canasta. En cambio, la coloca en un*

lugar alto donde ilumina a todos los que están en la casa. De la misma manera, dejen que sus buenas acciones brillen a la vista de todos, para que todos alaben a su Padre celestial. (Mt 5:13-16 NTV)

Podemos decir con confianza y con una conciencia limpia que, en todos nuestros asuntos, hemos vivido en santidad y con una sinceridad dadas por Dios. Hemos dependido de la gracia de Dios y no de nuestra propia sabiduría humana. Ésa es la forma en que nos hemos comportado ante el mundo y en especial con ustedes. (2 Cor 1:12 NTV)

4- Puedo callar y ocultar lo que creo ante otros?
No. Es un mandato que _____ de Cristo a otros.

»Todo aquel que me reconozca en público aquí en la tierra también lo reconoceré delante de mi Padre en el cielo; pero al que me niegue aquí en la tierra también yo lo negaré delante de mi Padre en el cielo. (Mt 10:32,33 NTV)

Ejemplo de Pablo 12

1- ¿Cuál es la actitud de Pablo a comenzar a dar su testimonio?
Con mucho _____ y _____.

> *Entonces Agripa le dijo a Pablo: «Tienes permiso para hablar en tu defensa». Así que Pablo, haciendo una seña con la mano, comenzó su defensa: «Me considero afortunado, rey Agripa, de que sea usted quien oye hoy mi defensa en contra de todas estas acusaciones que han hecho los líderes judíos, porque sé que usted es un experto en costumbres y controversias judías. Ahora, por favor, escúcheme con paciencia. (Hch 26: 1-3 NTV)*

2- ¿Cómo introduce su mensaje?
Comenzó hablando de su _____ anterior.

> *»Como bien saben los líderes judíos, desde mi temprana infancia recibí una completa capacitación judía entre mi propia gente y también en Jerusalén. 5 Ellos saben, si quisieran admitirlo, que he sido miembro de los fariseos, la secta más estricta de nuestra religión. (Hch 26:4,5 NTV)*

3- ¿Cómo trata a los cristianos antes de su conversión?
Los _____.

> *»Yo solía creer que mi obligación era hacer todo lo posible para oponerme al nombre de Jesús de Nazaret. Por cierto, eso fue justo lo que hice en Jerusalén. Con la autorización de los sacerdotes*

principales, hice que muchos creyentes de allí fueran enviados a la cárcel. Di mi voto en contra de ellos cuando los condenaban a muerte. Muchas veces hice que los castigaran en las sinagogas para que maldijeran a Jesús. Estaba tan violentamente en contra de ellos que los perseguí hasta en ciudades extranjeras. (Hch 26:9-11 NTV)

4- ¿Qué cambió el rumbo de su vida?
Tuvo un _____ con Dios.

»Cierto día, yo me dirigía a Damasco para cumplir esa misión respaldado por la autoridad y el encargo de los sacerdotes principales. Cerca del mediodía, Su Majestad, mientras iba de camino, una luz del cielo, más intensa que el sol, brilló sobre mí y mis compañeros. Todos caímos al suelo y escuché una voz que me decía en arameo: "Saulo, Saulo, ¿por qué me persigues? Es inútil que luches contra mi voluntad". »"¿Quién eres, señor?", pregunté. Y el Señor contestó: "Yo soy Jesús, a quien tú persigues. (Hch 26:12-15 NTV)

5- ¿Cuál era el llamado que Dios tenia para Pablo?
Apóstol a los _____.

Ahora, ¡levántate! Pues me aparecí ante ti para designarte como mi siervo y testigo. Deberás contarle al mundo lo que has visto y lo que te mostraré en el futuro. Y yo te rescataré de tu propia gente y de los gentiles. Sí, te envío a los gentiles, para que les abras los ojos, a fin de que pasen de la oscuridad a la luz, y del poder de Satanás a Dios. Entonces recibirán el perdón de sus pecados y se les dará un lugar entre el pueblo de Dios, el cual es apartado por la fe en mí". (Hch 26:16-18 NTV)

6- ¿Qué hizo Pablo con el evangelio?

Lo anunció _____ a los gentiles y por toda la tierra.

»Por lo tanto, rey Agripa, obedecí esa visión del cielo. Primero les prediqué a los de Damasco, luego en Jerusalén y por toda Judea, y también a los gentiles: que todos tienen que arrepentirse de sus pecados y volver a Dios, y demostrar que han cambiado por medio de las cosas buenas que hacen. Unos judíos me arrestaron en el templo por predicar esto y trataron de matarme; pero Dios me ha protegido hasta este mismo momento para que yo pueda dar testimonio a todos, desde el menos importante hasta el más importante. Yo no enseño nada fuera de lo que los profetas y Moisés dijeron que sucedería: que el Mesías sufriría y que sería el primero en resucitar de los muertos, y de esta forma anunciaría la luz de Dios tanto a judíos como a gentiles por igual». (Hch 26:19-23 NTV)

7- ¿Cómo trato de motivar a Agripa para que se acercara a Dios?

Apeló al _____ que ya tenía el Rey.

Rey Agripa, ¿usted les cree a los profetas? Yo sé que sí. Agripa lo interrumpió: —¿Acaso piensas que puedes persuadirme para que me convierta en cristiano en tan poco tiempo?. (Hch 26:27,28 NTV)

Tomando la forma que Pablo utiliza para dar su testimonio, escribe a continuación tu propio testimonio. Recuerda que debe finalizar enfocándose en el mensaje del evangelio.

Notas

Aprovechando Tiempo y Ocasión 13

1- ¿Por que decide Jesús pasar por Samaria?

Su parada en Samaria iba a causar que la palabra llegara a los _____.

Jesús sabía que los fariseos se habían enterado de que él hacía y bautizaba más discípulos que Juan (aunque no era Jesús mismo quien los bautizaba sino sus discípulos). Así que se fue de Judea y volvió a Galilea. En el camino, tenía que pasar por Samaria. (Jn 4:1-4 NTV)

2- ¿Cómo uso Jesús su propia necesidad para testificar?

La sed de tomar agua causó una _____ con la samaritana.

Poco después, llegó una mujer samaritana a sacar agua, y Jesús le dijo: —Por favor, dame un poco de agua para beber. Él estaba solo en ese momento porque sus discípulos habían ido a la aldea a comprar algo para comer. La mujer se sorprendió, ya que los judíos rechazan todo trato con los samaritanos.[a] Entonces le dijo a Jesús: —Usted es judío, y yo soy una mujer samaritana. ¿Por qué me pide agua para beber?. (Jn 4:7-9 NTV)

3- ¿Qué importancia da Jesús a las inquietudes de la mujer?

Jesús _____ personalmente e individualmente a esta mujer.

La mujer se sorprendió, ya que los judíos rechazan todo trato con los samaritanos. Entonces le dijo a Jesús: —Usted es judío, y yo soy una mujer samaritana. ¿Por qué me pide agua para beber? Jesús contestó: —Si tan sólo supieras el regalo que Dios tiene para ti y con quién estás hablando, tú me pedirías a mí, y yo te daría agua viva. (Jn 4:9,10 NTV)

4- ¿Cómo muestra interés espiritual en la vida de esta mujer?
Se _____ en sus relaciones.

Jesús le dijo: —Ve y trae a tu esposo. —No tengo esposo —respondió la mujer. —Es cierto —dijo Jesús—. No tienes esposo porque has tenido cinco esposos y ni siquiera estás casada con el hombre con el que ahora vives. ¡Ciertamente dijiste la verdad! —Señor —dijo la mujer—, seguro que usted es profeta. (Jn 4:16-19 NTV)

5- ¿Cómo cambió la opinión de la mujer sobre Jesús durante el proceso?
Jesús le habló con _____.

—Señor —dijo la mujer—, seguro que usted es profeta. (Jn 4:19 NTV)

6- ¿Qué resultado tuvo Jesús en su estancia en Samaria?
_____ creyeron.

Muchos samaritanos de esa aldea creyeron en Jesús, porque la mujer había dicho: «¡Él me dijo todo lo que hice en mi vida!». Cuando salieron a verlo, le rogaron que se quedara en la aldea. Así que Jesús se quedó dos días, 41 tiempo suficiente para que muchos más escucharan su mensaje y creyeran. Luego le dijeron a la mujer: «Ahora creemos, no sólo por lo que tú nos dijiste, sino porque lo hemos oído en persona. Ahora sabemos que él es realmente el Salvador del mundo». (Jn 4:39-42 NTV)

¿Qué hacer con alguien que me dice...?

Excusas Generales	**Pasajes que me ayudan**
No tengo necesidad...	1 Jn 2:9,10; Pr 6:16-19; Jn 16:8-11
Es muy difícil acercarse a Jesús...	Mr 8:36; Lc 18:29,30
Por el momento quiero divertirme...	Ecl 11:9
Me quiero esperar a después...	2 Cor 6:2; Pr 27:1, 29:1
Yo me esfuerzo a vivir bien...	Ef 2:8,9; Tit 3:5,6
No soy lo suficiente bueno...	Lc 5:32
Para mí no hay remedio...	Lc 19:9,10
Es mucho compromiso servir a Dios...	2 Tes 3:3
Sera muy duro ser cristiano...	Fil 2:13
Todos los cristianos son hipócritas...	Rom 14:12
No suena lógico lo que dices...	Is 55:8,9
Prefiero pensarlo...	2 Cor 6:2
Prefiero correr el riesgo de no creer...	Heb 10:31

Argumentos Doctrinales	**Pasajes que aclaran**
Soy ateo...	Sal 14:1; Rom 1:20
No creo en vida después de la muerte...	Lc 16:19-31
No creo que haya infierno...	Ap 20:14,15; Mt 25:41
No creo que Jesús es Dios...	Jn 1:1; 10:30; Heb 1:3
No creo en Cristo...	1 Jn 4:2,3; Rom 3:3; 2 Tim 2:12,13
Hay otros caminos que llevan a Dios...	Jn 14:6; Hch 4:12
Creo en la reencarnación...	Heb 9:27; Sal 89:48
Creo en Dios a mi manera...	Jn 3:1-11; Pr 14:12
No quiero cambiar de religión...	Jn 3:3,16,18,36; Rom 1:16
Ya soy cristiano pues voy a la iglesia...	Jn 3:3-5; Mt 7:21

Anote otras excusas que usted cree que personas han usado cuando usted les ha hablado de su fe.

Notas

Taller 3

parte 3
Evangelismo como un estilo de vida

14 Compartiendo mientras voy

Compartiendo el mensaje de Cristo mientras voy. Ejemplo de Felipe.

1- ¿Por qué tantos requisitos para servir las mesas?
Porque el servicio es un _____ y no se debe tomar a la ligera.

> *Por lo tanto, hermanos, escojan a siete hombres que sean muy respetados, que estén llenos del Espíritu y de sabiduría. A ellos les daremos esa responsabilidad. (Hch 6:3 NTV)*

2- ¿Qué motiva a Felipe a predicar?
Dios lo movió a hacerlo. Su motivación es la dirección y el respaldo del _____ de _____.

> *En cuanto a Felipe, un ángel del Señor le dijo: «Ve al sur[a] por el camino del desierto que va de Jerusalén a Gaza». Entonces él emprendió su viaje y se encontró con el tesorero de Etiopía, un eunuco de mucha autoridad bajo el mando de Candace, la reina de Etiopía. El eunuco había ido a Jerusalén a adorar 28 y ahora venía de regreso. Sentado en su carruaje, leía en voz alta el libro del profeta Isaías. El Espíritu Santo le dijo a Felipe: «Acércate y camina junto al carruaje». (Hch 8:26-29 NTV)*

3- ¿Quién proporciona el encuentro entre Felipe y el Eunuco?
Dios en su soberanía _____ ese encuentro.

> *El Espíritu Santo le dijo a Felipe: «Acércate y camina junto al carruaje» (Hch 8:29 NTV)*

Notas

Tiempo y Oportunidad 15

1- ¿Uso Pedro una estrategia o se dio la oportunidad?
Se le dio la _____.

> *Entonces Pedro dio un paso adelante junto con los otros once apóstoles y gritó a la multitud: «¡Escuchen con atención, todos ustedes, compatriotas judíos y residentes de Jerusalén! No se equivoquen. (Hch 2:14 NTV)*

2- ¿Fue el caso de Felipe preparado, o se dio la oportunidad?
Se le dio la _____.

> *En cuanto a Felipe, un ángel del Señor le dijo: «Ve al sur[a] por el camino del desierto que va de Jerusalén a Gaza». Entonces él emprendió su viaje y se encontró con el tesorero de Etiopía, un eunuco de mucha autoridad bajo el mando de Candace, la reina de Etiopía. El eunuco había ido a Jerusalén a adorar y ahora venía de regreso. Sentado en su carruaje, leía en voz alta el libro del profeta Isaías. (Hch 8:26-28 NTV)*

3- ¿Fue el evento de la cárcel preparado, o se dio la oportunidad?
Se le dio la _____.

> *Alrededor de la medianoche, Pablo y Silas estaban orando y cantando himnos a Dios, y los demás prisioneros escuchaban. De repente, hubo un gran terremoto y la cárcel se sacudió hasta sus cimientos. Al instante, todas las puertas se abrieron de golpe, ¡y a todos los prisioneros se les*

cayeron las cadenas! El carcelero se despertó y vio las puertas abiertas de par en par. Dio por sentado que los prisioneros se habían escapado, por lo que sacó su espada para matarse; pero Pablo le gritó: «¡Detente! ¡No te mates! ¡Estamos todos aquí!». (Hch 16:25-28 NTV)

4- ¿Qué hace Pablo mientras espera a sus amigos?
Aprovecha la _____.

Mientras Pablo los esperaba en Atenas, se indignó profundamente al ver la gran cantidad de ídolos que había por toda la ciudad. 17 Iba a la sinagoga para razonar con los judíos y con los gentiles[a] temerosos de Dios y hablaba a diario en la plaza pública con todos los que estuvieran allí. (Hch 17:16-17 NTV)

Compromisos

Conforme a lo que has aprendido en este seminario, describe lo que hay en este momento en tu corazón en cuanto al evangelismo.

¿Crees que Dios te está moviendo a ganar almas y ser un testigo fiel de Jesucristo?

¿Qué vas a hacer a partir de este momento para comunicar efectivamente tu fe con otros?

Manos a la obra
¿De qué servirá todo lo que hemos aprendido si no lo ponemos en práctica?
En los siguientes renglones intentaré darle una guía sencilla de cómo comenzar a evangelizar a aquellos que no conocen a Cristo.
Debo decirle que esta es solo una guía. De ninguna manera es el modelo perfecto a seguir. No es rígida, no es estricta. Solamente es para darle una idea de cómo pudiera presentarse una situación en la cual usted tiene la oportunidad de guiar a alguien al Señor.

Guía De Evangelismo Personal 16

Digamos que usted se encuentra en una de las carpas del festival, en un lugar público, sentado en la parada de autobuses, en una cita al dentista, en el mercado, etc.

1. Introducción.
- "Buenos días, yo soy _____ . ¿Cómo se encuentra usted hoy?
- Deténgase a escuchar. Muchas personas en sus primeras palabras le dirán alguna necesidad que tienen. Puede ser que se quejen de algo. Por ejemplo, "de la economía del país o de alguna tragedia en las noticias.

2. Conversación preliminar.
- Hablando de noticias. ¿Oyó usted del avión que se cayó ayer en el Atlántico? ¿Habrán estado esas personas listas para el encuentro con su hacedor?
- Pause. Deje que la otra persona hable. Escuche.

3. Haga preguntas.
- ¿Si usted muriera hoy, sabe adónde iría su alma?
- ¿Quisiera usted saber a dónde iría su alma si muriera hoy?

4. Deje a la persona saber que ninguno de nosotros calificamos por buenos que intentemos ser como para cumplir con la demanda del pecado. (Recomiendo que se estudie estos textos primero y luego mencione

alguno de ellos de la manera en que la oportunidad se preste.)
- Romanos 3:9-12; Romanos 3:19; Romanos 3:23

5. Dígale a la persona que Jesucristo pagó el precio por nuestro pecado.
- Romanos 5:8; 2 Corintios 5:21; 1 Pedro 3:18, 2:24)

6. Dígale que el don de la vida eterna es gratuito. Solo necesitará: a) Confesar con su boca que Jesucristo es Señor y b) Creer con su corazón que Dios le levantó de los muertos.
- Romanos 10:9-10

7. Le puedes preguntar a la persona si está lista para recibir a Cristo en su corazón. Una vez que la persona diga que está lista, usted le guiará en oración.

Oración

(Pídale que lo repita con usted en voz alta):

En esta hora, yo confieso con mi boca que Jesucristo es Señor. Yo creo en mi corazón que tú Padre le levantaste de entre los muertos para darme salvación eterna. Yo recibo por Fe el don de la Salvación y te doy Gracias Señor por recibirme como un hijo / una hija tuyo/a.

Gracias Dios por haberme salvado. En Cristo Jesús. Amén.

8. Después de haber orado, tómese unos minutos para asegurarle a la persona de que Cristo le ha aceptado como su hijo/a y déle unos textos que le den seguridad y certeza en cuanto a lo que acaba de pasar.
Recuerde que un nuevo convertido es como un niño pequeño que acaba de nacer.
Necesitará ayuda en cuanto a sus primeros alimentos, como dar sus primeros pasos, etc. Tome la tarea de visitar a este nuevo miembro de la familia de Dios. Invítelo a conocer a otros creyentes. Llévelo a la iglesia local donde unidos alaban a Dios todos los creyentes.

Le felicito por haber traído un alma a Cristo. ¿Verdad que esto te da un gozo muy lindo?

ESCUELA DE EVANGELISMO CREATIVO™

Bienvenido(a) al cuerpo de Cristo

Si usted ha confesado a Jesús como Señor y Salvador de su vida **HOY** durante la oración, la Biblia garantiza que usted TIENE vida eterna.

Jesús nos dio esta garantía:

"De cierto, de cierto os digo: El que oye mi palabra, y cree al que me envió, **tiene vida eterna**; y no vendrá a condenación, mas ha pasado de muerte a vida. Juan 5:24"

_____

(anote este día)

Nosotros queremos ayudarle en sus primeros pasos en esta nueva vida con Cristo.
Por favor llene la porción debajo, recortela y entreguela a un miembro del equipo de festival.

☐ **HOY recibí a Jesucristo como único Señor y Salvador personal.**

☐ Quisiera que alguien me visite y me ayude a caminar los primeros pasos en Cristo.

¿Cual es la mejor hora para visitarle? _____

Nombre _____

Domicilio _____

Teléfonos _____

Correo Electrónico _____

Taller 4

parte 4
Integración

Trabajo de seguimiento 17

Una vez que el festival o alcance evangelístico ha concluido, (o si usted ha llevado a alguién a Cristo haciendo evangelismo personal) aquellos que han venido a Cristo, necesitan ser cuidados de la misma manera que se cuida a un niño recién nacido.

Nota: Use las tarjeta de decisión (de la página 57) para registrar los datos de las personas que han venido a Cristo.

Aquél que ha nacido de nuevo, necesitará ayuda para comenzar a dar sus primeros pasos en la vida cristiana.

Zonas y Colores.
En los festivales de la *Asociación JA Pérez* tenemos la práctica de dividir la ciudad en sectores o zonas.
- Un sector puede ser un vecindario de la ciudad, o un área geográfica determinada.
- La cantidad de sectores depende del tamaño de la ciudad.

Una vez que se ha dividido la ciudad en zonas, se le asigna un color a cada zona.
- Aquellos que han asistido a la EEC se dividirán en grupos y se asignará un grupo a cada zona con la elección de un capitán de zona.
- El capitán debe ser un líder que exhiba madurez y una actitud activa en cuanto al evangelismo.

En el estadio o lugar del festival.

1- Durante el día.

En cada alcance (en las carpas alrededor del estadio) ya sea en los talleres o en los servicios de ayuda humanitaria, cada vez que alguien se entrega a Cristo, debe ser introducido al equipo de su zona. Ellos tomarán sus datos y comenzarán la tarea de seguimiento (más sobre esto debajo).

2- Durante la proclamación.

Cada noche de evento, inmediatamente después que el mensaje de Cristo es presentado, se hace un llamado a salvación. Aquellos que responden al llamado y reciben a Cristo en sus vidas son dirigidos a los grupos de ayuda por zonas.

Cada zona es representada por una bandera de un color (por ejemplo: la zona que cubre desde la calle 20 hasta la calle 40, tiene bandera azul).

El que ha entregado el mensaje o uno de los ministros del equipo, preguntará: ¿Quienes viven entre la calle 20 y la calle 40? y quienes levanten sus manos, serán dirigidos al área donde está la bandera azul. Ahí serán recibidos por el equipo azul.

Una vez que cada grupo de personas que han recibido a Cristo han pasado al área que representa su zona, ahí en ese momento comienza el proceso de integración.

Comenzando el seguimiento.

Ahora que usted como miembro del equipo de su zona ha tomado la responsabilidad de discipular a los nuevos creyentes, es hora de aprender a cómo hacerlo.

1- Identificando necesidades.

Usted visitará a los nuevos creyentes el día después que terminó el festival. En esta visita usted les preguntará que necesidades tienen para poder orar con ellos.

Usted hará una oración, y luego anotará esas necesidades en su manual (use la forma incluida aquí).

2- Clasificando necesidades.

Todo el que viene a Cristo tiene algún tipo de necesidad. Algunos necesitan consejería matrimonial, otros consejos para criar a sus hijos, y también muchas personas tienen necesidades materiales, de trabajo, etc…

Usted una vez que identifica estas necesidades, buscará ayuda con grupos, ministerios, asociaciones que han trabajado con el festival o que usted pueda contactar por medio de su iglesia. También debe saber qué programas y/o ministerios tiene su iglesia local, a donde usted pueda recomendar a estos nuevos creyentes.

Recuerde: Llevar a alguien a la iglesia el Domingo, no es suficiente. Las personas tienen necesidades y necesitan ayuda. Estas necesidades son una oportunidad para mostrarles el amor de Cristo de una forma práctica y tangible.

3- Discípulo 3.0.

El sistema de Discípulo 3.0 es un programa que contiene 12 estudios de hogar basado en los principios del libro *"Las 12 Marcas del Discípulo"* por JA Pérez.

Es importante que usted invite a estos nuevos creyentes a estudiar la palabra de Dios, si es posible llevar este estudio a sus hogares.

Póngase de acuerdo con ellos para comenzar Discípulo 3.0 lo antes posible.

Más información sobre este programa en: *www.japerez.org/discipulo*

4- Llévelos a la iglesia.

Asegúrese de que los nuevos creyentes asistan a la iglesia el Domingo.

En ocasiones, usted necesitará coordinar transportación. Si su iglesia no posee un sistema de autobús, trate de hablar con hermanos en la fe y entre todos conseguir la manera de transportar los nuevos creyentes a la iglesia.

5- Contacto y Apoyo.

Aun cuando usted haya terminado el estudio de 12 semanas Discípulo 3.0, es importante que usted mantenga comunicación con estas nuevas familias, orando por ellos, hablándoles por teléfono. La comunicación es muy importante para el crecimiento de todo nuevo creyente.

Identificando Necesidades

Usted pueder descargar este estudio gratis y hacer copias para sus estudiantes... ir a:

www.japerez.org/discipulo

Discípulo 3.0

18 Las Bases

1- Fuimos comisionados para hacer Discípulos.

Por lo tanto, vayan y hagan discípulos de todas las naciones, bautizándolos en el nombre del Padre y del Hijo y del Espíritu Santo... (Mateo 28:19 NTV)

La palabra discípulo significa "alguien que sigue las enseñanzas de alguien", eso es todo lo que quiere decir.

discípulo, -la
1. Persona que recibe enseñanzas de un maestro.
2. Persona que estudia, sigue y defiende las ideas y opiniones de una escuela o de un maestro, aun cuando pertenezca a una generación muy posterior.

2- El número de personas que tu puedes discipular a la vez y hacerlo bien, es un número limitado.

Luego le dijo a la gente que se sentara sobre la hierba. Jesús tomó los cinco panes y los dos pescados, miró hacia el cielo y los bendijo. Después partió los panes en trozos y se los dio a sus discípulos, quienes los distribuyeron entre la gente. (Mateo 14:19 NTV)

Él no se los dio a la multitud.
El Señor no les dio los panes a la multitud, el Señor se los dio a sus discípulos y los discípulos a la multitud.
¿Te imaginas al Señor solo, dando los panes a la multitud entera?
No se puede.

El Señor no pastoreó a la iglesia completa ni pastoreó a la multitud, él pastoreó a doce y esos doce se encargaron de llevar el Evangelio al resto del mundo y ocuparon ayuda.
De esta misma manera, tu puedes discipular a unos pocos, y ellos, cuando estén listos, discipularán cada uno a sus pocos.

¿Cuantos son pocos?
El número a quienes tu puedes cuidar y hacerlo de una manera personal y con calidad.

3- El modelo de 3.

Este no es el único modelo de evangelismo que existe. Tampoco podemos decir que es "la manera" oficial o la única que apoya la Biblia.
Luis Palau (mi mentor) siempre dice: "El mensaje es sagrado, pero los modelos no".
Entonces, ¿que tiene de especial este modelo de discipulado?
Conforme a la experiencia en más de treinta años de evangelismo, nos hemos dado cuenta que la manera tradicional de "un pastor y una congregación" limita grandemente el crecimiento, y esto se debe a que "un pastor" es una sola persona, y no puede darle atención de calidad a cien o doscientas personas.
Por ejemplo, nosotros aconsejamos que usted llame por teléfono a quienes usted mentorea por lo menos dos o tres veces por semana. Esto es para orar y estar al tanto de sus necesidades, y a la vez mantener la comunión. Imagínese un pastor que tiene una iglesia de cien miembros. Si fuera a darles este cuidado, tomaría de 200 a 300 llamadas telefónicas por semana, él solo. Esto sin tomar en cuenta el tiempo que necesita para visitar enfermos, preparar estudios, orar, e invertir tiempo de calidad con su esposa y familia.
Evidentemente, esto no es posible. El pastor sufrirá de agotamiento, y la calidad de atención a estos cien no será la misma.

Cordón de tres

> *Alguien que está solo, puede ser atacado y vencido, pero si son dos, se ponen de espalda con espalda y vencen; mejor todavía si son tres, porque una cuerda triple no se corta fácilmente. (Eclesiastés 4:12 NTV)*

> *Seis días después, Jesús tomó a Pedro y a los dos hermanos, Santiago y Juan, y los llevó a una montaña alta para estar a solas. 2 Mientras los hombres observaban, la apariencia de Jesús se*

transformó a tal punto que la cara le brillaba como el sol y su ropa se volvió tan blanca como la luz. (Mateo 17:1-2 NTV)

En el ministerio hemos desarrollado en "Cordón de Tres" con la promesa que "no se rompe pronto".
Ya vimos que el Señor, aunque tenía doce discípulos, tenía un círculo cerrado de tres. Con estos tres, pudo compartir tal intimidad, que ellos lo vieron transfigurarse (verlo tal como él es).

Partiendo de ahí es que hemos implementado el discipulado a tres personas.
Este número nos da una idea de verdaderamente la cantidad de personas a quien tu puedes dar cuidado y una atención personal. Establece el tamaño de tu grupo.

Nota: Este número es un modelo, una forma de partida. No deseamos ser legalistas o estrictos religiosos acerca de este número. Si tu te sientes cómodo(a) y puedes discipular cuidando y dando atención personalizada a cuatro personas, adelante.

¿Como compartirlo con otros?

Las páginas que siguen nos entregan contenido para establecer un estudio de hogar con personas que han entregado sus vidas a Cristo, ya sea durante el festival, o por medio de usted haberles compartido las Buenas Nuevas. Al entregar este estudio en un hogar, es posible que familiares o personas presentes todavía no han tenido un encuentro con Cristo. Antes de comenzar este estudio y en la primera semana, asegúrese de que sus estudiantes han ya confesado a Jesús como Señor y Salvador de sus vidas.

Si esto no ha sucedido todavía, tómese el tiempo de presentarles el plan de salvación.

USE LA GUÍA A LA DERECHA...

Antes de Comenzar 19

Jesús vino a darnos vida eterna.
Toda la Biblia gira alrededor de un mensaje, y este es un mensaje de reconciliación.

> *...Pues Dios estaba en Cristo reconciliando al mundo consigo mismo, no tomando más en cuenta el pecado de la gente. Y nos dio a nosotros este maravilloso mensaje de reconciliación. (2 Corintios 5:19 NTV)*

Dios busca reconciliar al ser humano con él.

¿Cómo sucede esto?

1- Todos hemos pecado y necesitamos salvación.

> *Como dicen las Escrituras: «No hay ni un solo justo, ni siquiera uno. Nadie es realmente sabio, nadie busca a Dios. Todos se desviaron, todos se volvieron inútiles. No hay ni uno que haga lo bueno, ni uno solo» (Romanos 3:10-12 NTV)*

2- El pecado nos separa de Dios eternamente.

> *Pues la paga que deja el pecado es la muerte, pero el regalo que Dios da es la vida eterna por medio de Cristo Jesús nuestro Señor. (Romanos 6:23 NTV)*

3- Jesús murió para reconciliarnos con el Padre.

> *»Pues Dios amó tanto al mundo que dio a su único Hijo, para que todo el que crea en él no se pierda, sino que tenga vida eterna. (Juan 3:16 NTV)*

4- Cuando venimos a él, el nos recibe.

> *Sin embargo, los que el Padre me ha dado, vendrán a mí, y jamás los rechazaré. (Juan 6:37 NTV)*

¿Cómo venimos a él?

> *Si confiesas con tu boca que Jesús es el Señor y crees en tu corazón que Dios lo levantó de los muertos, serás salvo… (Romanos 10:9 NTV)*

¿Listo para venir a Cristo?

Haz esta oración conmigo en voz alta.

> *Padre celestial, en esta hora yo reconozco que soy pecador(a) y necesito salvación. Yo creo que Jesucristo es Señor y que tu Padre le levantaste de los muertos para darme vida eterna. En este momento yo recibo ese don de la Salvación. Gracias Señor por venir a habitar en mi corazón. En el nombre de Jesús. Amén.*

Si usted ha hecho esta oración, esté seguro que el Señor le ha escuchado y le ha recibido como un hijo (o una hija) suyo(a).

Yo le insto a que se ponga en contacto con nosotros para apoyarle en sus primeros pasos para crecer en la fe.

japerez.org/discipulo

Concepto de Discípulo 20

El concepto de discípulo está muy cerrado en nuestros círculos.
Nosotros tenemos el concepto de que un discípulo es alguien que va a un programa o a un entrenamiento de discipulado.
Un discípulo es ciertamente alguien que es *"discípulo de Cristo"*, claro y eso es lo más importante y lo principal, pero el concepto de discípulo no lo inventó Jesús.

> *✎ El concepto de discípulo es muy antiguo, Jesús lo trajo a una nueva luz, de tal manera que en este momento tú no puedes pensar en la palabra discípulo sin _____ con Jesús.*

Así pues podemos afirmar que el concepto de discípulo es muy antiguo con estos ejemplos: Eliseo tenía discípulos. Los hijos de los profetas eran discípulos de Eliseo. Ellos le decían a Eliseo *"padre"* porque había una paternidad espiritual, dicho sea de paso, en el discipulado hay paternidad espiritual.
Pablo dice:

> *Por esa razón les envié a Timoteo, mi fiel y amado hijo en el Señor. Él les recordará la manera en que sigo a Cristo Jesús, así como lo enseño en todas las iglesias en todas partes. (1 Cor 4:17 NTV)*

Si tu revisas la civilización griega, Platón, Sócrates, los filósofos tenían discípulos. En Estados Unidos se les llama *"aprendiz"* a alguien que aprende de un maestro, de hecho los oficios antiguos se aprendían así. Tu caminabas con alguien y aprendías el oficio. Un carpintero caminaba con un carpintero y aprendía de él. Una persona que quería ser zapatero caminaba con un zapatero y aprendía a hacer zapatos y un campesino aprendía a sembrar viendo a otro sembrar. De esa manera los filósofos eran adiestrados en el pensamiento cuando se juntaban con un *"padre espiritual"* o un filósofo mayor, entonces en civilizaciones antiguas ya existía este concepto.

Moises y Josue

✎ Moises entrenó a _____ para que fuera su seguidor, y fue Josué el que llevó el movimiento a la próxima expresión. Este se convirtió en su hijo espiritual o su aprendiz.

Después de la muerte de Moisés, siervo del Señor, el Señor habló a Josué, hijo de Nun y ayudante de Moisés. Le dijo: «Mi siervo Moisés ha muerto. Por lo tanto, ha llegado el momento de que guíes a este pueblo, a los israelitas, a cruzar el río Jordán y a entrar en la tierra que les doy. Te prometo a ti lo mismo que le prometí a Moisés: "Dondequiera que pongan los pies los israelitas, estarán pisando la tierra que les he dado... (Josue 1:1-3 NTV)

Elías y Eliseo

Eliseo fue entrenado por Elias. Elias pasó cuando Eliseo estaba arando con doce yuntas de bueyes, que en total eran 24 bueyes y cuando Elias pasó, tomó su manto, lo dejó caer sobre Eliseo y Eliseo enseguida se levantó y sacrificó.

Es decir, hizo una carne asada tremenda (en el idioma mexicano) y comenzó a servir a Elias desde ese momento.

> *Entonces Elías fue y encontró a Eliseo, hijo de Safat, arando un campo. Había doce pares de bueyes en el campo, y Eliseo araba con el último par. Elías se acercó a él, le echó su capa sobre los hombros y siguió caminando. Eliseo dejó los bueyes donde estaban, salió corriendo detrás de Elías y le dijo: —Deje que primero me despida de mis padres con un beso y luego iré con usted. Elías respondió: —Regresa, pero piensa en lo que te hice. Entonces Eliseo regresó a donde estaban sus bueyes y los mató. Con la madera del arado hizo una fogata para asar la carne. Repartió la carne asada entre la gente del pueblo, y todos comieron. Después se fue con Elías como su ayudante. (1 Reyes 19:19-21 NTV)*

Mas adelante cuando Elias va a ser tomado, Eliseo esta listo para seguir con lo que había comenzado Elias. Eliseo no se le desprendía a Elias, no se separaba. Elias le decía, *"espérate que tengo que ir allá"* y Eliseo le decía: *"no, ¡yo no te dejo!"*

Elias le había preguntado: *"¿que quieres que yo haga por ti?"* Eliseo le dice: *"—Te pido que me permitas heredar una doble porción de tu espíritu y que llegue a ser tu sucesor. (2 Reyes 2:9)".*
Y note bien, las palabras de Elias a Eliseo... *"—Has pedido algo difícil —respondió Elías—. Si me ves en el momento en que sea llevado de tu lado, recibirás lo que pediste; pero si no me ves, no lo recibirás. (2 Reyes 2:10)".*

Moises y 70 discípulos

Para hablar de esto, entonces debemos entrar otra vez al lenguaje antiguo. Dios puso el espíritu de Moises sobre 70 hombres.

Entonces el Señor le dijo a Moisés: —Reúne delante de mí a setenta hombres que sean reconocidos como ancianos y jefes de Israel. Llévalos al tabernáculo[a] para que permanezcan junto a ti. Yo descenderé y allí hablaré contigo. Tomaré del Espíritu que está sobre ti y lo pondré sobre ellos también. Llevarán la carga del pueblo junto contigo, y de esa manera no tendrás que soportarla tú solo. (Números 11:16-17 NTV)

✐ Cuando tú estas bajo la maestría, bajo la _____ de alguien, entonces tu estas bajo ese mismo espíritu.

Mentoría - La mentoría es una relación de desarrollo personal en la cual una persona más experimentada o con mayor conocimiento ayuda a otra menos experimentada o con menor conocimiento. La persona que recibe la mentoría ha sido llamada tradicionalmente como protegido, discípulo o aprendiz[1].

Tu vez a una persona que esta bajo la influencia de un maestro y cuando lo oyes hablar, habla como ese maestro, inclusive con la manera de hacer las cosas, los tonos, etc., y tu dices: *¡wow es igualito!*

1- *http://es.wikipedia.org/wiki/Mentoría*

Bueno es que tiene su espíritu, no es que tenga el espíritu humano de esa persona, sino que *"es de su espíritu"*, es de su forma, de su fluir, de su influencia, por eso este concepto es muy antiguo y lo vemos una y otra vez.

Eliseo y los hijos de los profetas

Podemos observar que Eliseo esto lo lleva a otra dimensión, porque Elias solamente tenía un discípulo, mientras que Eliseo tenía una compañía de discípulos.

> *Cuando el grupo de profetas de Jericó vio desde lejos lo que había sucedido, exclamaron: «¡El espíritu de Elías reposa sobre Eliseo!». Enseguida salieron a su encuentro y se inclinaron hasta el suelo delante de él. (2 Reyes 2:15 NTV)*

La frase *"hijos de los profetas"* o *"compañía de profetas (1 Sam 10:10)"* en el lenguaje antiguo aparece de las dos maneras y se refiere a un grupo de profetas más jóvenes que caminaban bajo la enseñanza de un profeta más viejo (un mentor).

Hoy en día es común en Latinoamérica oír decir: *"oh tenemos una escuela de profetas"* y no se dan cuenta de que en realidad escuela quiere decir solamente que andaban juntos, no es una escuela donde se sentaban a aprender o donde les decían como profetizar, porque eso no se puede enseñar, profeta es un don de ministerio. Note bien que hay dones del espíritu y dones del ministerio. Profeta es un don de ministerio y es uno de los cinco oficios en esta nueva economía de Dios (Ef 4:11). En el antiguo pacto era uno de los tres oficios principales. Estaban el rey, el profeta y el sacerdote, eran los tres ministerios antiguos.

El profeta tenía una compañía de gente, eran muchachos que estaban con él todo el tiempo, lo seguían y aprendían de él, esos eran sus discípulos. De ahí pues es de donde proviene el concepto discípulo.

La palabra discípulo es pues *"alguien que sigue las enseñanzas de alguien"*, eso es todo lo que quiere decir.

> ***discípulo, (la)-*** 1. Persona que recibe enseñanzas de un maestro. 2. Persona que estudia, sigue y defiende las ideas y opiniones de una escuela o de un maestro, aun cuando pertenezca a una generación muy posterior [2].

Jesús y sus 12 discípulos

Ahora vámonos a Jesús para ver lo que es ser un discípulo de Jesús.

> *Un día los discípulos de Juan el Bautista se acercaron a Jesús y le preguntaron: —¿Por qué tus discípulos no ayunan, como lo hacemos nosotros y los fariseos? (Mateo 9:14 NTV)*

Ahí vemos más adelante que Jesús le da la respuesta, pero no estamos en la respuesta ahora sino en la pregunta.

Para empezar, Juan el Bautista también tenía discípulos, tanto que en una ocasión, él estaba en la cárcel y manda dos discípulos a preguntarle a Jesús: —¿Eres tú el Mesías a quien hemos esperado[a] o debemos seguir buscando a otro? (Mateo 11:3).

Él tenía gente que caminaba con él y les enseñaba. Juan tenía sus discípulos y Jesús tenía sus discípulos. Eventualmente terminaron siendo discípulos de Jesús y eso es lo más importante y de

---

[2] *The Free Dictionary by Farlex*

él es de quien nosotros queremos ser discípulos, porque cuando somos discípulos de Jesús estamos siendo discípulos de Dios directamente, pero no podemos desechar el concepto de la mentoría porque terrenalmente hablando es necesaria para el ministerio y esto lo vamos a probar por medio de la palabra.

> *Tu no solamente necesitas ser un discípulo de Jesús, tú debes tener _____ y eso es completamente bíblico.*

El Señor te mandó a ti a hacer discípulos y bueno tu dirás, yo los hago y se los conecto al Señor directamente. El Señor terrenalmente no está ministrando, Él tuvo un ministerio terrenal de tres años, ahora mas bien su ministerio terrenal es por medio de la iglesia, él nos encomendó a nosotros el *"id y haced discípulos"* y te dice pues, ve y discipúlalos. Ahí te das cuenta que Juan tenía discípulos, lo puedes ver después en *Mateo 11:2*, de hecho la relación maestro—discípulo es una relación bien establecida y yo quiero después llevármelo a la relación maestro—discípulo que tiene Pablo con sus hijos espirituales.

Entonces, ¿qué es un discípulo?
Voy a darle doce características. Las doce marcas del discípulo.

Para Entregar

Aquí comienza el estudio que usted va a impartir a los nuevos creyentes una vez por semana durante 12 semanas.

Las 12 Marcas del Discípulo

1. Un discípulo es alguien que sigue

*Mientras caminaba, Jesús vio a un hombre llamado Mateo sentado en su cabina de cobrador de impuestos. «Sígueme y sé mi **discípulo**», le dijo Jesús. Entonces Mateo se levantó y lo siguió.. (Mateo 9:9 NTV)*

Note bien.

🖉 *Tu tienes que ser _____ de alguien para poder ser guía de alguien.*

Tu no puedes ser líder si no sigues a alguien.

Hablando de Jesús, el centurión le dijo a Jesús: "...yo soy hombre bajo autoridad, y tengo bajo mis órdenes soldados; y digo a éste: Ve, y va; y al otro: Ven, y viene; y a mi siervo: Haz esto, y lo hace....(Mateo 8:9)".

Este hombre sabía lo que era ejercer autoridad porque él estaba bajo autoridad. Tu no puedes entender autoridad si no estás bajo autoridad.

Todos necesitamos tener a un mentor, tu necesitas tener a una persona quien se siente contigo y te enseñe. El apóstol Pablo era discípulo de Gamaliel, dice la Biblia que él fue entrenado, equipado y preparado a los pies de Gamaliel *(Hechos 22:3).*

✎ Usando el lenguaje antiguo, "a los pies" quiere decir que se sentaba para que Gamaliel lo enseñara.

Después él levanta a sus discípulos y les dice: *"sed imitadores de mí como yo soy seguidos de Cristo (1 Cor 11:1)",* en otras palabras *"sigue a Cristo pero yo te voy a decir como"* y ahí está la paternidad espiritual, entonces tu tienes primero que seguir a alguien.

✎ El maestro no puede ir _____ de sus discípulos.

Mateo 8:23 Dice: " *Y entrando él en la barca, sus discípulos le siguieron (RV60)".*

Los discípulos van detrás del maestro. Fíjese que cuando un maestro va detrás de los discípulos hay confusión.

Hay gobiernos de Iglesias que tienen mucha confusión porque el maestro va detrás de los discípulos.

Bueno, hay iglesias en donde los discípulos votan, quitan y ponen al maestro, hacen una votación para ver quien quieren que sea su pastor.

En Estados Unidos yo me horrorizo de ver como hasta se anuncian en sitios diciendo que están buscando a un pastor, como si fuera un trabajo. *"Estamos buscando a un pastor y le vamos a pagar tanto y va a tener ciertos beneficios"*.

Me pongo a pensar y me pregunto *¿dónde está la conexión espiritual de esto?*, la carreta se fue delante de los bueyes.

¿Como es que los discípulos van a buscar a su maestro?, debe ser al revés, el maestro llama a sus discípulos. Note bien, si este concepto se entendiera, en las Iglesias no existieran las divisiones. Piense en lo que estoy diciendo, si este concepto fuera práctico en la iglesia no existieran las divisiones, porque nadie se va a poner a quitar a su maestro, porque *"el discípulo no es mayor que el maestro (Mateo 10:24)"* si verdaderamente hay esa conexión espiritual.

> *Y enseguida dejaron las redes y lo siguieron. (Mateo 4:20 NTV)*

Notas

2. Un discípulo de Cristo se sienta a la mesa con pecadores

Y aconteció que estando él sentado a la mesa en la casa, he aquí que muchos publicanos y pecadores, que habían venido, se sentaron juntamente a la mesa con Jesús y sus **discípulos***. (Mateo 9:10 RV60)*

Esto es funcional.

✎ Los discípulos estaban sentados a la mesa pero no solamente con el maestro, estaban sentados a la mesa con _____ y _____.

Un discípulo tiene que sentarse con pecadores, eso puede ser un poco contrario a muchos mensajes populares de las Iglesias y no es mi intención revolverle su teología pero yo le digo algo, muchas veces tristemente en la Iglesias en lugar de ayudar a que las ovejas sean productivas las están recogiendo y limitándoles su expansión, diciéndoles: *"no te juntes con pecadores"*, usando por ejemplo el Salmo 1:1 que dice: *"Bienaventurado el varón que no anduvo en consejo de malos, Ni estuvo en camino de pecadores, Ni en silla de escarnecedores se ha sentado"*.

Evidentemente el texto ha sido mal trazado, sacado completamente de lugar.

Esto no quiere decir que vas a hacer lo que ellos hacen, o dejarte arrastrar por ellos en lugar de ayudarlos a ellos a salir de las tinieblas. Ya en un tiempo hiciste lo mismo que ellos, y anduviste siguiendo *"la corriente de este mundo"* pero ya Dios te sacó de ahí.

> *...en los cuales anduvisteis en otro tiempo, siguiendo la corriente de este mundo, conforme al príncipe de la potestad del aire, el espíritu que ahora opera en los hijos de desobediencia... (Efesios 2:2 RV60)*

> *Vivían en pecado, igual que el resto de la gente, obedeciendo al diablo —el líder de los poderes del mundo invisible[a]—, quien es el espíritu que actúa en el corazón de los que se niegan a obedecer a Dios (Efesios 2:2 NTV)*

De hecho, si tu al juntarte con aquellos que no han sido salvos, haces lo mismo que ellos, es evidente que necesitas ayuda al igual que ellos, entonces todavía no te puedes llamar discípulo de Cristo.

> ✎ *Pero tu eres un discípulo, y tu como hijo de Dios haz sido llamado a predicarles el Evangelio, y ¿Cómo vas a hablarles de Cristo si no te puedes sentar a la mesa con ellos?* **Si tú no te sientas con un pecador a la mesa, no lo puedes _____.**

Entiendo que muchos pastores tienen el temor de que si los miembros de su Iglesia se acercan a los pecadores, van a ser arrastrados por estos al mundo, pero ese pensamiento es basado en temor, y Dios no nos ha dado espíritu de temor.

> *Pues Dios no nos ha dado un espíritu de temor y timidez sino de poder, amor y autodisciplina. (2 Timoteo 1:7 NTV)*

Para empezar a Jesús lo criticaban y lo llamaban *"amigo de pecadores"*, él se sentaba a la mesa a comer con pecadores.

> *Cuando vieron esto los fariseos, dijeron a los discípulos: ¿Por qué come vuestro Maestro con los publicanos y pecadores? (Mateo 9:11 RV60)*

> *Vino el Hijo del Hombre, que come y bebe, y dicen: He aquí un hombre comilón, y bebedor de vino, **amigo de publicanos y de pecadores**. Pero la sabiduría es justificada por sus hijos. (Mateo 11:19 RV60)*

Un discípulo debe entrenarse para hacer eso, para ir y sentarse a la mesa con pecadores y un buen mentor, un buen maestro, yo creo que prepara a sus discípulos para eso. Para mandarlos como decía Jesús: *"He aquí, yo os envío como a ovejas en medio de lobos… (Mateo 10:16 RV60)"*.

Él no les dijo: *"vayan y todos los van a querer y les va a ir bien"*, …no. Más bien, *"…Si a mí me han perseguido, también a vosotros os perseguirán…(Juan 15:20 RV60)"*.

Yo me recuerdo de eso todo el tiempo, sobretodo cuando viajo o estoy en eventos evangelísticos y me encuentro que la gente que está preparando los eventos a veces no son muy cristianos, tienen el lenguaje cristiano pero verdaderamente sus frutos no son de un cristiano. Algunas de estas personas están ahí porque de alguna manera Dios los tiene en un trabajo específico por ahora, pero verdaderamente eso no quiere decir que estén redimidos.

✏ *Entonces un discípulo se sienta a la mesa con _____.*

Una persona que se la pasa sentado dentro de una iglesia y no sale ni va con pecadores, verdaderamente ¿de quién es discípulo? ese es un problema fundamental, de hecho es uno de los problemas de hoy en día, la gente solo está sentada y metida dentro de la iglesia teniendo el concepto de que *"yo voy a la iglesia, me siento y tu me enseñas"* y ahí queda todo.

Por eso ves ahí a un pastor que continuamente está invirtiendo su vida, enseñando y volviéndoles a enseñar y de ahí no pasan, no sale de ahí, se muere la semilla, se hace estéril, ¿porqué razón?, porque está la falta de este concepto, *"el discípulo se tiene que sentar con pecadores"* para poder extender el reino.

3 Un discípulo sigue instrucciones

*Cuando Jesús terminó de dar instrucciones a sus doce **discípulos**, se fue de allí a enseñar y a predicar en las ciudades de ellos. (Mateo 11:1 RV60)*

Yo digo y de hecho tengo un escrito que habla sobre la importancia de seguir instrucciones y no solo eso, instrucciones específicas.

Yo entreno gente continuamente y a veces cuando estamos en la *Escuela de Evangelismo Creativo*™ enseño la manera en como dar instrucciones, porque tenemos que ser específicos en cuanto a como damos instrucciones, porque desde la torre de Babel hay un problema de lenguaje.

La gente mal entiende las cosas, ese es un problema. Tu le dices a alguien algo y te entendió otra cosa, por eso necesito tener la habilidad o la capacidad de usar bastantes sinónimos y decirle a la gente lo mismo varias veces.

En ocasiones mi esposa me observa y me dice, —*"repetiste lo mismo cuatro veces"* y le respondo, *"sí, lo dije* cuatro veces pero lo dije con cuatro sinónimos diferentes" y así es, lo hice a propósito.

Gran parte de los problemas de *"comunicación"* parece ser que muchos amados muestran tener problema con *"seguir instrucciones"*.

Será ADD *(Attention Deficit Disorder)* o *(síndrome de déficit de atención)*, o nuestra idiosincrasia latina de *"más o menos"* o *"al rato lo hacemos"* o *"ahí se va"* lo que ataca directamente al deseo de hacer las cosas con excelencia. Y si es para Cristo, todos estamos de acuerdo en que *"debemos hacer lo mejor"* y hacerlo con *"excelencia"* ¿cierto? Dice la Biblia:

> *Trabajen de buena gana en todo lo que hagan, como si fuera para el Señor y no para la gente. (Colosenses 3:23 NTV)*

✏ Bueno. No se pueden hacer las cosas con excelencia si no se escucha bien cuáles son las _____ y se siguen al pie de la letra. De no ser así, existirá "espíritu de confusión y desorden" y eso no es de Dios.

Dios es un Dios de orden (1 Corintios 14:40).

Jesús le daba instrucciones a sus discípulos *(Mateo 11:1)*, de hecho tu te vas a dar cuenta más adelante que

✏ *Jesús les da instrucciones a sus discípulos en* _____.

Jesús no daba las instrucciones a todo el mundo, **solo a sus discípulos** y ese era un privilegio que tenían sus discípulos. Ellos recibían instrucciones antes que el resto, que jamás escuchaban el resto de la población y eso lo vamos a entender más cuando lo enlacemos con otro punto.

4. El alimento es primero al discípulo y luego a la multitud

*Luego le dijo a la gente que se sentara sobre la hierba. Jesús tomó los cinco panes y los dos pescados, miró hacia el cielo y los bendijo. Después partió los panes en trozos y se los dio a sus **discípulos**, quienes los distribuyeron entre la gente. (Mateo 14:19 NTV)*

Esto cambia la manera de hacer misiones, la manera de administrar una iglesia, la manera de ganar almas y lo vuelvo a repetir, *el alimento es primero al discípulo y luego a la multitud*.

✎ Un pastor no puede pastorear a una _____ completa, eso es imposible.

¿Por qué es imposible?
Bueno está escrito y aparte de eso yo traté y no se puede. Tu no puedes llevar sobre tus hombros los traumas y problemas de una congregación entera, tampoco puedes dar atención personalizada y de calidad a mucha cantidad de gente continuamente. No se puede amado. Terminas gastado, te quemas.

✎ El Señor tampoco lo hizo. El Señor no pastoreó a la iglesia completa ni pastoreó a la multitud, él pastoreó a doce y esos doce se _____ de llevar el Evangelio al resto del mundo y ocuparon ayuda.

Así que Jesús no llevó el Evangelio al mundo, Él preparó doce y esto me da a mi una medida de capacidad.

> 🖋 *Una persona _____ puede pastorear a un pequeño grupo de gente.*

En el caso de Jesús, doce, y doce es (digamos) un número simbólico.
No tienen que ser doce, pueden ser once, quince. Doce es un grupo simbólico. Creo que la medida es hasta donde usted alcance.

¿Por qué razón?
Porque tu puedes ocuparte de las necesidades de unos pocos, porque esos pocos te necesitan, esos sufren golpes en la vida, se parten una patita como ovejitas y tu tienes que vendarlas y eso toma tiempo.
Si fueras a vendar las patitas quebradas de un ovejado bien grande, el tiempo no te alcanzaría, pero si tienes doce, tu puedes vendar las patas de esas doce cuando se quiebran y todo el tiempo se están quebrando.
Pueden ser golpes, o que la ovejita se enreda en una cerca, viene un lobo y la muerde, esas cosas pasan, entonces el pastor está equipado para tener un grupo limitado de discípulos. Ahora estos discípulos tienen la responsabilidad de pasar el mensaje a sus discípulos.
Por eso es que esto de formar discípulos no es solamente de una persona, esto de formar discípulos es de todos. Yo te formo a ti como discípulo, tú formas tus discípulos y ellos forman sus discípulos y así se levanta el reino.

Veamos bien el concepto

Luego le dijo a la gente que se sentara sobre la hierba. Jesús tomó los cinco panes y los dos pescados, miró hacia el cielo y los bendijo. Después partió los panes en trozos y se los dio a sus discípulos, quienes los distribuyeron entre la gente. (Mateo 14:19 NTV)

Él no se los dio a la multitud.

✎ *El Señor no les dio los panes a la multitud, el Señor se los dio a sus discípulos y los discípulos a la _____ .*

¿Te imaginas al Señor solo, dando los panes a la multitud entera?
No se puede. Es como los festivales que nosotros organizamos en la Asociación Evangelística. ¿Se imagina, nosotros solos haciendo un festival? No se puede, tiene que haber un equipo, es el mismo concepto y aquí está claro.

Por eso yo digo que con un grupo de discípulos usted puede revolucionar a una cuidad entera, pero si tú solo tratas de revolucionar una ciudad entera no puedes, porque humanamente hay límites.

Tomó luego los siete panes y los pescados, dio gracias a Dios por ellos y los partió en trozos. Se los dio a los discípulos, quienes repartieron la comida entre la multitud. (Mateo 15:36 NTV)

Notas

5 Los discípulos son buenos en relaciones públicas

*Cuando Jesús llegó a la región de Cesarea de Filipo, les preguntó a sus **discípulos**: —¿Quién dice la gente que es el Hijo del Hombre? (Mateo 16:13 NTV)*

Fíjese que Jesús no está escuchando lo que dice la gente directamente. Él necesita que alguien venga y se lo diga.

Él le pregunta a sus discípulos: ¿quién dice la gente que yo soy?

🖉 *Ellos son los que están en _____ con la gente y ellos son los que le dan información.*

Fíjese que cosa tan tremenda. Un líder tiene que tener cuidado de quién se rodea porque el líder no está con todo el pueblo todo el tiempo.

De hecho para uno que anda viajando esto es importante, porque yo llego al evento solo a subirme en la plataforma y la gente viene y me dice lo que está pasando y si los que están a mi alrededor no me dan la información correcta, entonces tengo un problema, porque puedo tomar malas decisiones por tener la información incorrecta.

Es como el presidente de la nación, si tiene varias personas alrededor y le están dando la información que no es, él no puede hacer buenas decisiones.

Es muy importante estar rodeado de gente que te de la información correcta.

Los que hacen relaciones públicas, lidian con la multitud, estos son los discípulos, ellos saben cuando la multitud tiene hambre, ellos son los que dicen, Señor, esta gente lleva rato aquí y no han comido, tienen hambre.

El discípulo está al tanto de las _____ de la gente.

6 El discípulo tiene información clasificada y confidencial

*Desde entonces comenzó Jesús a declarar a sus **discípulos** que le era necesario ir a Jerusalén y padecer mucho de los ancianos, de los principales sacerdotes y de los escribas; y ser muerto, y resucitar al tercer día. (Mateo 16:21 RV60)*

¿Se los empezó a decir a quién?
A los discípulos les empezó a declarar lo que venía, les empezó a hablar del futuro. Los discípulos tienen información que el resto de la multitud no tiene, es decir, información clasificada, información de adentro, información sobre el mecanismo y eso es una responsabilidad tremenda, porque cuando tú caminas con un maestro y esta persona te confía cosas puedes ver sus defectos.

Se recuerda de la sierva de Naaman el sirio *(2 de Reyes)*, del mismo que habla la Biblia, que Dios le había dado victoria pero que padecía de una terrible lepra. A Naaman el Sirio, si tú lo vez con su armadura puesta es perfecto, esta persona era un general, su armadura, no es cualquier cosa.

Ahora ¿se imagina usted que cuando este hombre se empieza a quitar la armadura y lo ve la sierva de la esposa y se da cuenta de que Naaman tiene lepra?

La sierva está lo suficientemente cerca que puede ver que Naaman tiene una lepra debajo de la armadura. Sucede que esta mujer, es una mujer de Dios, ésta es una de las héroes de la Biblia. En lugar de criticarlo, de señalarlo o decir *"mira, Naaman tiene lepra"* o como mucha gente dentro de las Iglesias diciendo, *"mira mi pastor si supieras a veces anda de mal humor"*, en lugar de ponerse a criticar lo que hizo fue enviarlo al lugar de sanidad.

> ✎ Lo _____ y eso es lo que hace un buen discípulo.

Cuando un maestro está herido, lo que se hace es que se cura, se ayuda, no se critica, ni se destruye.

Esta mujer pudo haber destruido a Naaman o publicar su lepra, con eso hubiera sido suficiente para que perdiera su rango pero no, esta mujer fue con la esposa de Naaman y le dijo: *"si mi señor fuere allá a la tierra de Samaria porque allá hay un profeta y ahí Dios lo puede sanar..."* ¿y sabe lo que sucedió? que la esposa le dijo a su esposo Naaman *(porque las esposas tienen cierta influencia con los esposos, ¿verdad?)* Y entonces fue a donde le indicó la sierva y llegó con el profeta y el profeta ni siquiera salió sino que mandó a su criado para que le dijera que se sumergiera en el río Jordán por siete veces y su lepra se sanaría y cuando Naamán se sumerge siete veces en el Jordán, sale sano de su lepra. Tremenda historia, pero la historia comienza con la sierva que vio la lepra.
Es una historia linda, yo leo esa historia y toman vida los personajes.
El líder puede ver cosas que otras personas no pueden ver, pero el discípulo, el que está cerca lo ve, algún

tipo de leprita por ahí, algún defecto, un problema de carácter. Porque fíjese que ese maestro se cansa, tiene días malos, igual que los tiene todo el mundo, a veces se confunde o también le entran inseguridades o se enoja.

Pablo se enojó un par de veces y hasta corrió a Marcos, tuvo desacuerdos con Bernabé por causa de Marcos y cosas así, porque no es perfecto.

> 🖉 *El hombre de Dios tiene algo de* _____ *y eso no lo sabe la multitud.*

La multitud ve al ungido de Dios, al hombre que se para en la plataforma y Dios lo usa, pero el discípulo, el que anda cerca, ve los defectos.

Por eso es que se hace una relación larga, porque ya han andado cierto tiempo con alguien en el ministerio, ya ha tenido suficientemente tiempo para observar, yo digo que la gente que ya lleva conmigo caminando por largo tiempo en el ministerio somos como un matrimonio viejo donde ya no hay sorpresas. Pero tú sabes, cuando tu conoces a alguien por tiempo ya no te va a sorprender, tú conoces a la persona, conoces sus cosas buenas y las no tan buenas también, pero el amor es suficiente para lidiar con esos defectos. ¡Que cosa tan tremenda! que se necesita amor para tener a un buen mentor, porque el mentor de pronto va a decir algo que te va a tomar fuera de lugar o en un tiempo incorrecto y te va a decir algo incorrecto y ahí está la humanidad del mentor.

Entonces el principio es que, el discípulo tiene información clasificada, tiene acceso a información que otra gente no tiene y es importante que el discípulo sepa como usar esa información.

Que cosa tan tremenda que hasta para seguir se necesita sabiduría, para ser discípulo se necesita sabiduría.

> 🖉 *Con sabiduría se edificará la casa, Y con* _____ *se afirmará (Proverbios 24:3 RV60)*

Notas

7. No se puede ser un buen discípulo sin sacrificar algo

*Entonces Jesús dijo a sus **discípulos**: Si alguno quiere venir en pos de mí, niéguese a sí mismo, y tome su cruz, y sígame. (Mateo 16:24 RV60)*

No se puede ser un buen discípulo sin sacrificar algo y de hecho la fidelidad cuesta.

Fíjese, Jesús ¿a quién se los dijo?

A sus discípulos. *"Si alguno quiere venir en pos de mí..."*, primero se los dijo a sus discípulos y les dijo (en otras palabras) *"tus intereses ya no vienen primero"*.

Negarte a ti mismo quiere decir que *"tus intereses ya no son el número uno, tu visión ya no viene primero"*.

Tú acabaste de abrazar la visión de otra persona y en una misma casa no puede haber dos visiones.

🖉 Cuando en una casa hay dos visiones, lo que pasa es que hay _____.

No puede haber un discípulo que tenga una visión diferente a la que tiene el maestro. El discípulo es alguien que abraza la visión del maestro. Tiene que haber una identificación tremenda en esto, no se puede ser discípulo sin sacrificar algo.

Notas

8 Discípulos cuidan a su maestro

Entonces le fueron presentados unos niños, para que pusiese las manos sobre ellos, y orase; y los **discípulos** *les reprendieron. (Mateo 19:13 RV60)*

Ahora, vamos a decir que la actitud de los discípulos fue muy dura, de hecho el Señor les dijo a ellos, no, no los reprendan, *"dejádlos venir a mí porque de ellos es el reino de los cielos"*.

Pero los discípulos, sin embargo, lo que están haciendo es su trabajo. Ellos están protegiendo al maestro, eso es lo que está haciendo el discípulo.

En una ocasión, el equipo y yo terminamos un evento en Haití y nos tuvieron que meter en un carro y sacarnos de allí rápido porque estábamos en peligro, la gente se dejó venir, la cantidad de gentes eran miles así que estábamos corriendo peligro pero afortunadamente había alguien que estaba al pendiente y lo que hizo es que nos metió como sardinas en un carro y nos sacó por detrás de la plataforma. De no haber sido así allí nos hubiera pasado algo.

De hecho cuando vienen a apresar al Señor, Pedro enseguida saca la espada y le corta la oreja a un soldado y el Señor otra vez le reprendió a Pedro y le dice a Pedro que así no es la cosa, pero lo que está haciendo Pedro es cuidar al maestro.

Estará mal o estará bien, pero su intención era cuidarlo, era protegerlo, claro hay un plan mayor que todavía Pedro no entendía y ellos lo amaban tanto que no querían que Jesús fuese crucificado.

Honestamente tu no dejarías que a alguien a quien tú amas lo crucificaran. No, de hecho el Señor le dice a Pedro en una ocasión: *"apártate de mí satanás"* porque Pedro está tratando de impedirle que sea sacrificado. En lo natural tu le dirías, *"gracias Pedro por cuidarme"*, verdaderamente la intención de Pedro era buena.
Por otro lado cuando viene Judas con los que van a apresar al Señor, el Señor le dice *"aquí viene mi amigo"*.

Entonces Jesús le llama a Judas amigo y a Pedro satanás. Esto esta un poco difícil de entender.
El Señor le llama amigo al que le va a causar dolor y al que le va a ahorrar dolor le llama satanás, porque hay un plan mejor.

Pero en cuanto a cuidar al maestro, ¿quién está bien? ¿Judas o Pedro?
Pedro es el que está bien, Judas lo ha traicionado y lo que quiere es entregarlo, Pedro lo está cuidando.

> ✎ *Entonces el discípulo verdadero _____ al maestro.*

Hay muchas maneras de cuidarlo, el maestro a veces es difamado, otras veces es atacado, a veces se cansa y entonces es cuando el discípulo dice, mira, vamos a no causarle tantos problemas a nuestro maestro, vamos a aliviarle un poco la carga, vamos a ayudar y a no ser parte del problema.

9 Un discípulo es obediente

*Y los **discípulos** fueron, e hicieron como Jesús les mandó… (Mateo 21:6 RV60)*

Así de sencillo, no pusieron excusa, ellos fueron e hicieron como Jesús les mandó. Obediencia es una señal de fidelidad, tú no puedes obedecer a alguien en este nivel si no lo admiras.

Tú no puedes tener a un líder o a un mentor que no admires, yo mismo admiro a mi mentor, yo me siento y lo escucho y si me va a decir algo le pongo atención porque quizás él sabe algo que yo no sé. Eso es respeto y ahí entra la obediencia porque por algo es mi mentor.

✎ La _____ es una prueba de tu amor por Dios.

Le contestó Jesús: —El que me ama, obedecerá mi palabra, y mi Padre lo amará, y haremos nuestra vivienda en él. Juan 14:23 (NVI)

Cuando eres obediente Dios te usa.

Dwight L. Moody, el gran evangelista del siglo XIX fue desafiado por esta declaración: *"El mundo aún espera ver lo que Dios puede hacer en y a través de aquel que está completamente rendido al Señor Jesucristo"*, Moody respondió: *"Yo quiero ser ese hombre"*.

Como resultado de haber dado gloria a nuestro Señor, Dios lo usó como a ningún otro hombre de su tiempo para alcanzar multitudes con el Evangelio de Cristo.

Uno es siervo de aquél a quien uno obedece.

> *¿No sabéis que si os sometéis a alguien como esclavos para obedecerle, sois esclavos de aquel a quien obedecéis, sea del pecado para muerte, o sea de la obediencia para justicia?* (Romanos 6:16 RV60)

Como siervos de Dios, el discípulo es obediente a la palabra de Dios.

> *✎ De hecho, llevar la gran comisión de "ir y hacer discípulos" es una acción que hacemos basandola puramente en _____.*

10 Un discípulo es parte del futuro

*Y estando él sentado en el monte de los Olivos, los **discípulos** se le acercaron aparte, diciendo: Más tarde, Jesús se sentó en el monte de los Olivos. Sus discípulos se le acercaron en privado y le dijeron: —Dinos, ¿cuándo sucederá todo eso? ¿Qué señal marcará tu regreso y el fin del mundo? (Mateo 24:3 NTV)*

Yo sé que esto es una profecía y yo no quiero espiritualizar el texto pero le digo algo, los discípulos están interesados en saber lo que va a pasar en el futuro y un discípulo esta interesado en saber lo que viene para el ministerio, quiere saber la visión del ministerio, quiere saber para dónde vamos o que es lo que se está haciendo, mira hacia adelante.

Un discípulo es parte de la visión

✐ Un discípulo no es alguien que está mirando los defectos y las cosas que pasaron en el pasado o lo que no funcionó. Un discípulo pone los ojos en la _____.

No, amados hermanos, no lo he logrado, pero me concentro sólo en esto: olvido el pasado y fijo la mirada en lo que tengo por delante, y así avanzo hasta llegar al final de la carrera para recibir el premio celestial al cual Dios nos llama por medio de Cristo Jesús. (Filipenses 3:13-14 NTV)

De la misma manera que Pablo *(el cual es discípulo de Cristo)* dice *"prosigo a la meta"*, así nosotros debemos mirar hacia adelante.

✎ El discípulo busca maneras en cuanto a cómo _____ el reino.

En la labor de visión común del reino, es natural que el discípulo se multiplique. Para un discípulo dar frutos de su género *(hacer otros discípulos)* es tan natural como para un árbol de frutas producir las mismas.

De hecho, el Señor dijo:

Puedes identificarlos por su fruto, es decir, por la manera en que se comportan. ¿Acaso puedes recoger uvas de los espinos o higos de los cardos? Un buen árbol produce frutos buenos y un árbol malo produce frutos malos. (Mateo 7:16-17 NTV)

✎ Entonces el discípulo _____ discípulos, y esta es la manera en que el reino avanza.

- El discípulo se disciplina y prepara para el futuro de la visión.
- El discípulo se prepara para servir. Afila su espada. Aprende de su maestro. Es necesario que como obreros de la viña, sepamos cómo recoger esos frutos.

Las disciplinas de la oración, lectura de la palabra, y el oír la palabra con fe, son no solamente necesarias sino indispensables para crecer en buena salud espiritual.

11 Comunión es un asunto de discípulo

*—Al entrar en la ciudad —les dijo—, verán a cierto hombre. Díganle: "El Maestro dice: 'Mi tiempo ha llegado y comeré la cena de Pascua con mis **discípulos** en tu casa'". (Mateo 26:18 NTV)*

¿Con quién dijo? Con mis discípulos.
Observe que la Pascua él la celebró solamente con los discípulos.
De hecho, si tu has visto los cuadros de la última cena, ¿cuántas personas hay ahí? es un grupo pequeño.
La comunión, la última cena, el momento de partir el pan lo hace con la gente que está más cerca de él. Él sabe que ya va a ser sacrificado y comparte sus últimos momentos antes de su muerte con sus discípulos.
 El mismo lo dijo: *"comeré la cena de Pascua con mis discípulos"*.
Sí, comunión es una cuestión de discípulos.

> ✐ *De hecho, un pastor no puede tener comunión _____ con la iglesia entera, ahora, yo no estoy diciendo que no pude tener una celebración o la santa cena, estoy hablando de compenetración, comunión íntima... es imposible.*

En un movimiento grande o en un movimiento masivo yo quisiera siempre abrazar a todo el mundo y uno quiere gastarse con la gente lo más que uno puede pero es imposible. Eventualmente el cuerpo no te da, te cansas, te tienes que ir descansar.

Pero sí puedes tener comunión con la gente que está cerca, por eso se necesita el estudio en un grupo pequeño o las reuniones en casa con el equipo de trabajo. Sentarte debajo de un árbol y contar parábolas, esto es lo que hacia el Señor.

Jesús todo el tiempo estaba enseñando a sus discípulos mientras iban. En una ocasión pasaron por una higuera y ahí le dijo a la higuera *"sécate"* y ahí les dio una enseñanza y en otra ocasión les dio otra enseñanza en la barca cuando no podían pescar, y así continuamente les estaba dando enseñanzas. De cerca, en lo íntimo, en buena comunión.

12 Un discípulo siempre regresa

*Pero todo esto sucede para que se cumplan las palabras de los profetas registradas en las Escrituras». En ese momento, todos los **discípulos** lo abandonaron y huyeron. (Mateo 26:56 NTV)*

Esto es importante saberlo, la Biblia dice que *"el hijo permanece en casa para siempre (Juan 8:35)"*. Paternidad espiritual es algo que no se inventa, eres o no eres, si eres hijo espiritual tú no te vas y si te vas, regresas, observe de nuevo esta parte del texto:

todos los discípulos lo abandonaron y huyeron. (Mateo 26:56 NTV)

Sabe, yo tenía un problema con esto, porque no entiendo que si un discípulo es alguien fiel, alguien que ama lo que estas haciendo, ¿cómo es que te deja?
Todos los discípulos abandonaron al Señor en el momento de la crucifixión y hay una cosa que sucede en el liderazgo y yo lo he dicho antes, que el líder en la cumbre camina solo.
Líderes a veces caminan solos
Hay un momento, hay un espacio donde tus discípulos no caminan contigo, ésta es la soledad de la cumbre,

esto es el ministerio, esto es el liderazgo.

> ✏ En el liderazgo cuando tú vas a hacer las decisiones más difíciles las vas a hacer _____.

Mire, mi esposa que es quien más cerca camina de mí, yo le confío en todo y a veces le consulto en algunas cosas, ¿cómo ves esto y cómo ves lo otro? y siempre estamos compartiendo ideas a la hora de tomar decisiones, y como hemos caminado tantos años juntos en el ministerio, ya sabe por cuestión de experiencia y me dice pero acuérdate que aquella vez lo hicimos así y nos pasó esto y tiene la memoria fresca, pero hay un momento en que mi esposa no me puede ayudar.

También tengo amigos en el ministerio, y también hay un equipo de trabajo, y con estos comparto asuntos y escucho sus opiniones, pero a la hora de tomar esa difícil decisión, debo hacerlo solo.

Como líder, es mi decisión, y eso quiere decir que si me equivoco, yo fui el que me equivoqué y si lo hice bien, todo el mundo lo hizo bien, cuando la decisión está bien tomada todo el mundo toma crédito y cuando te equivocas tu te equivocaste, ese es el liderazgo.

"Cuando el trabajo de un líder concluye, la gente dice: ¡Lo hicimos!" -Lao Tsé

El discípulo siempre regresa

La respuesta a esta preocupación viene al final del libro, ahí en *Mateo 28:19* Jesús les da la comisión a los discípulos, estos discípulos que lo dejaron a él, después estaban todos asustados y tenían miedo en un aposento y el Señor se les aparece y les da la gran comisión.

> *Por lo tanto, vayan y hagan discípulos de todas las naciones, bautizándolos en el nombre del Padre y del Hijo y del Espíritu Santo. (Mateo 28:19 NTV)*

Quiere decir que al final de cuentas los discípulos no fueron a ningún lado, ellos se asustaron, lo dejaron solo en la crucifixión, tenían miedo.

Pedro no solo abandonó al maestro, Pedro lo maldijo y lo negó, pero luego se arrepintió y regresó porque el discípulo siempre regresa. Te va a dejar solo en el momento que tú necesitas estar sólo porque en el momento de tu crucifixión *(y créanme que en el liderazgo te crucifican)*, es necesario lo pases solo. Pero no te preocupes que cuando bajes de ahí y resucites los discípulos te van a estar esperando con miedo, asustados pero ahí van a estar.

Cosa tremenda que esto aplica en varios niveles, si tú te vas a Pablo, Pablo levanta hijos espirituales.

> *Pues, aunque tuvieran diez mil maestros que les enseñaran acerca de Cristo, tienen sólo un padre espiritual. Pues me convertí en su padre en Cristo Jesús cuando les prediqué la Buena Noticia. (1 Cor 4:15 NTV)*

Note bien, aunque tengáis diez mil maestros, *(ayos quiere decir maestro de niños)*, se está refiriendo a la ley de Moises. Solamente hay un mentor, un padre espiritual, *"porque en Cristo Jesús yo os engendre"*.

Aquí viene la paternidad espiritual, ¿quién es el que te engendra? Quien te engendra es quien te trae a la llenura de tu llamado y es quien verdaderamente te discípula.

Ahora vea bien, lo que está diciendo aquí, es paternidad.

v.16 *"Así que les ruego que me imiten"*.

v.17 *"Por esa razón les envié a Timoteo, mi fiel y amado hijo en el Señor. Él les recordará la manera en que sigo a Cristo Jesús, así como lo enseño en todas las iglesias en todas partes."*.

Mire como Pablo llama a Timoteo, *"mi amado hijo"*.

Sabemos que es hijo espiritual porque Timoteo era hijo de madre judía y de padre griego, entonces Pablo no era padre de él en lo natural, pero si era su hijo espiritual, quien les iba a recordar *"la manera"*.

Timoteo no va a predicar su propio mensaje, él va a decir o a recordar lo que yo digo *"como lo enseño en todas las iglesias"*.

Por eso es que se puede conservar en el pueblo gentil *(por medio del apostolado paulino)* la unidad del espíritu, porque todos están hablando lo que dice Pablo y Pablo esta escribiendo cartas a sus hijos espirituales los cuales están llevando cartas a diferentes ciudades, diferentes naciones, a diferentes países.

Pablo está detrás de todo enseñando, discipulando, liderando a un equipo de colaboradores que son hijos espirituales y discípulos.

La relación Maestro—Discípulo es la manera en que el reino es _____ y la palabra de Dios _____ sanamente en esta tierra.

Esta relación es poderosa y es duradera.

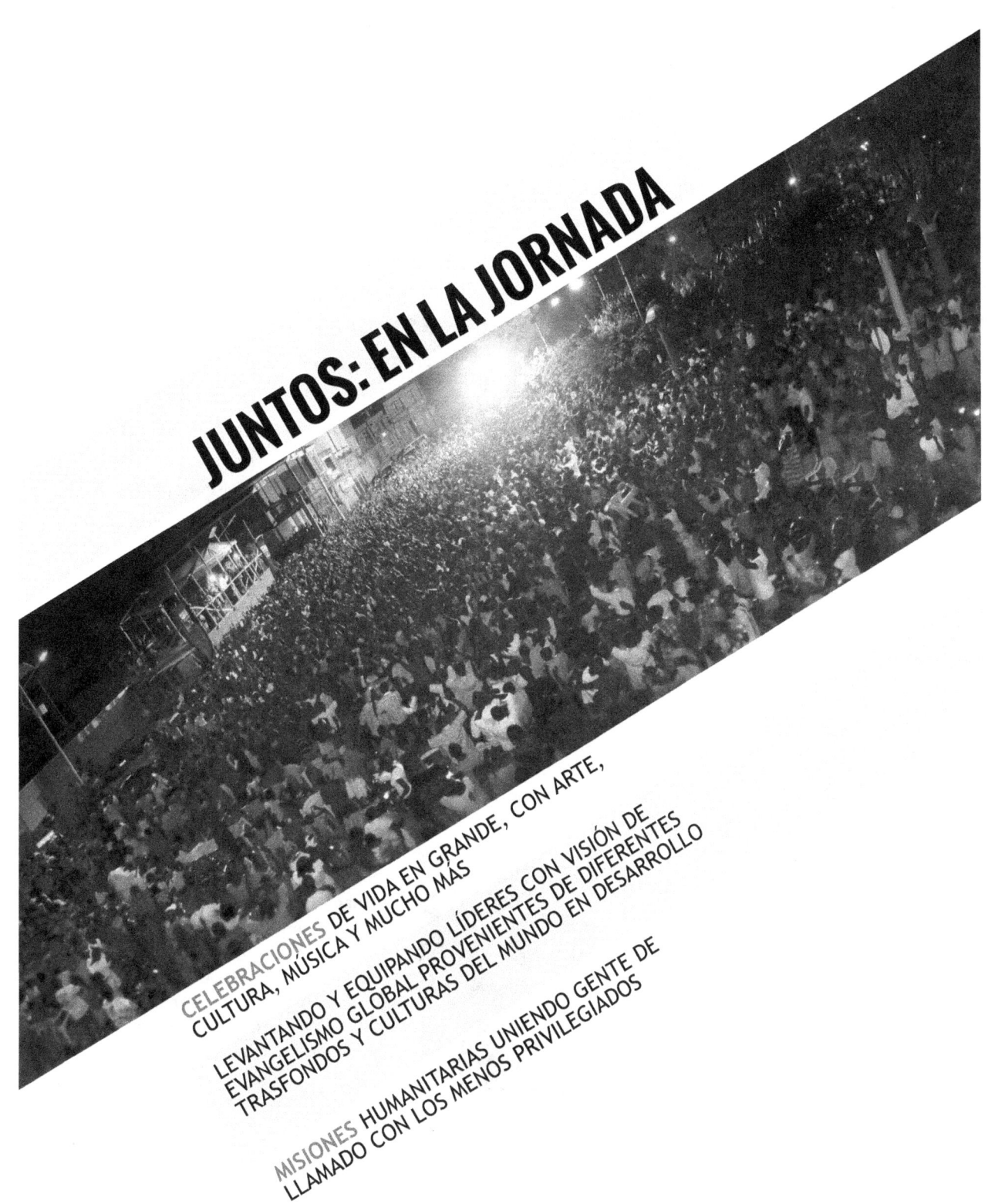

JUNTOS: EN LA JORNADA

CELEBRACIONES DE VIDA EN GRANDE, CON ARTE, CULTURA, MÚSICA Y MUCHO MÁS

LEVANTANDO Y EQUIPANDO LÍDERES CON VISIÓN DE EVANGELISMO GLOBAL PROVENIENTES DE DIFERENTES TRASFONDOS Y CULTURAS DEL MUNDO EN DESARROLLO

MISIONES HUMANITARIAS UNIENDO GENTE DE LLAMADO CON LOS MENOS PRIVILEGIADOS

Toma un equipo para levantar una cosecha...

ESTADÍSTICAS

- La *Asociación JA Pérez* necesita reclutar entre 500 y 1000 voluntarios para cada evento.
- Toma un equipo de más de 70 ministros (Evangelistas, Artes, Música, Teatro, Ministerios de Niños, etc...) para completar exitosamente un Festival de dos días.
- Toma 12 equipos (de Médicos, Dentistas, Enfermeras, Trabajadores Sociales, Consejeros y Asistentes) de aprox. 10 personas cada equipo (120 total) para completar una Misión Humanitaria antes y durante el Festival.
- Toma 2 equipos de ministros para entrenar líderes para evangelismo pre-festival e integración de nuevos creyentes a las iglesias, semanas antes y después del Festival para exitosamente retener la cosecha de almas en las iglesias.

Ordene el libro (manual) **Juntos en la Jornada** para toda la información en cuanto a cómo ser parte en:
www.japerez.org/juntos
o en: www.amazon.com
(Incluye, Aplicación, información sobre viajes, y áreas específicas en las que puede servir a Dios con nosotros).

Oportunidades para Servir
Misiones de corta duración.

Venga y sea parte de una misión evangelística que cambiará la vida de muchos… y la suya.

El festival no es el trabajo de un hombre. De hecho, el mensaje de proclamación a las 7:00PM toma solo diez o quince minutos. Sin embargo, cientos de personas vienen a Cristo durante todo el día dentro del festival, y esto sucede en cada plataforma y carpa que opera durante todo el día.

Ya sea en presentaciones culturales como en talleres para mujeres, jóvenes, etc… su participación puede impactar las vidas de muchos.

Toma un equipo de muchos para poder completar una tarea tan gigante. Tu podrías ser un miembro del equipo de Festival en el próximo proyecto y juntos transformar ciudades.

Oportunidades:

Drama, Artes, Mimos, Presentaciones Culturales.

Guiar un Equipo de Evangelismo en la ciudad.

Ser un consejero para nuevos creyentes.

Ministerios de Niños. Payasos, Títeres, Presentaciones Musicales.

Enseñe un taller para Madres Solteras, Padres, Personas con Adicciones, etc…

Predique o ayude en la plataforma Juvenil.

Músicos – Participe en Intercambios Musicales con Talentos Internacionales.

Voluntarios – Ujieres, Equipo de Seguridad, Ayuda y Asistencia en Estadio.

Equipo Médico – Médicos y Dentistas a trabajar en la Misión Humanitaria simultanea al Festival.

FESTIVALES

Un Festival (tanto República de Gozo™ como Fiesta Mayor™) es una celebración en grande, con arte, cultura, música y mucho más. Es un festival de vida que no es religioso sin embargo celebra y exalta a Jesucristo.

En un ambiente sano, para la familia con kioscos y talleres diarios con ayuda inmediata y programas de larga duración se hace un trabajo social responsable que dejará resultados en el área cubierta. Esto acompañado de conciertos y presentaciones que traen verdadero gozo y nos muestran el propósito para el cual fuimos creados.

Cada noche se lleva a cabo una Concentración Masiva donde se entrega el mensaje de salvación y esta es seguida por un concierto donde jóvenes y adultos se unen a celebrar y adorar a Jesucristo.

JA Pérez hace el llamado cada noche. Cientos pasan a recibir a Cristo y esto es seguido por la integración donde todos los estudiantes que han sido entrenados en la EEC los recibirán por zonas para llevarlos a las iglesias y ocuparse de sus necesidades inmediatas.

> Pídeme, y te daré por herencia las naciones, Y como posesión tuya los confines de la tierra. Salmos 2:8

Durante el día en el estadio, médicos y consejeros asisten a las familias necesitadas. No solo con medicina y ayuda humanitaria, también sus necesidades espirituales son ministradas. Muchos se entregan a Cristo durante el día, lo que pasa a formar parte de la gran cosecha en el evento general.

Payasos, mimos, y un sinnúmero de presentaciones culturales desfilan en cada una de las plataformas del festival alcanzando a niños de todas las edades. También conciertos y talleres juveniles toman lugar durante el día en las diferentes carpas alrededor del estadio.

Carpas con talleres para la familia y temas para matrimonios, madres solteras, mujeres maltratadas, enfermedades contagiosas, adicciones, etc. operan durante todo el día alrededor del estadio. También Cristo es presentado y muchos son alcanzados de esta forma.

Cada noche, presentaciones musicales dirigidas a la cultura y región comparten la plataforma. También al cierre del alcance evangelístico, un gran concierto concluirá la noche.

Escuela de Evangelismo Creativo™
El objetivo de la EEC es comunicar el Evangelio de Jesucristo por medios originales y creativos que envuelven música, artes, deportes, cultura o cualquier otro elemento imaginativo.

Proceso
Es un sistema de entrenamiento que enseña Evangelismo como un estilo de vida usando: 1-Los talentos obvios de cada individuo. 2-El medio ambiente en que se desenvuelven los mismos.

Práctica
Ya sea con el Proyecto *República de Gozo*™, *Fiesta Mayor*™ o cualquier otro alcance o festival; en áreas donde se llevan a cabo estos proyectos paralelamente se lanzan extensos trabajos de evangelización. Desde la preparación (meses antes del evento) hasta el seguimiento (meses después del evento), los evangelistas de la Escuela de Evangelismo Creativo™ toman parte activa en la propagación del Evangelio en su respectiva ciudad.

ENTRENAMIENTO

Conferencias para líderes, empresarios y la preservación de la familia.
El ministerio ha sostenido eventos por años en la forma de seminarios, congresos y escuelas de evangelismo.

Estos consisten en la capacitación de líderes y empresarios para desarrollar sus potenciales y llevarlos a la efectividad en el campo en que Dios los ha llamado.

También se sostienen seminarios dedicados a la familia tratando asuntos que van desde la crianza de hijos, capacitación a solteros y fortalecimiento de las relaciones matrimoniales.

Estos eventos han llegado a ser de mucha bendición para muchos y su efectividad ha resultado en la creación de libros y materiales de entrenamiento que hoy se distribuyen mundialmente.

MISIONES HUMANITARIAS

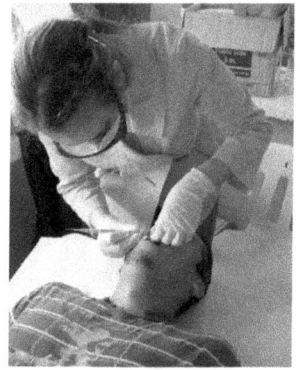

Una misión humanitaria une a aquellos que han sido grandemente exitosos con los menos privilegiados de la sociedad. Por este medio, nos enfocamos en los pobres de cada ciudad o región, aquellos que han sido dañados por alguna catástrofe, o simplemente han crecido en un ambiente que carece
de oportunidades.

El alcance consiste no solo en el auxilio rápido a una necesidad inminente. También organiza programas no solo para ayudar al que tiene hambre, sino que aparte de eso, lo involucra y enseña poniendo en sus manos herramientas para que se pueda valer por sí mismo y le educa para sacar a su familia hacia una mejor forma de vida.

La Asociación JA Pérez trabaja arduamente para mostrar el amor de Cristo por medio de alcances a familias en necesidad. Eso se hace por medio de las Misiones Humanitarias las cuales operan paralelamente a los Festivales y Concentraciones Masivas. Semanas antes de un evento masivo, contingentes de voluntarios visitan regiones que han sido dañadas por algún desastre natural o lugares que simplemente permanecen bajo altos niveles de pobreza.

Una vez detectadas las necesidades de cada zona, se toma manos a la obra. Equipos visitan las familias en necesidad con asistencia médica, provisión de medicamentos y alimentos, y a la vez se integran programas a largo plazo que incluyen campañas de vacunación, programas para desnutrición (especialmente en infantes), desparasitación, y educación que trabajando coordinadamente con el evento en esa ciudad dejará un seguimiento a cargo de instituciones locales, iglesias y programas de los gobiernos.

Enfrentar la realidad de la condición en que viven millones de personas en nuestro continente es una experiencia bien difícil. En nuestras misiones humanitarias, hemos experimentado el desgaste emocional de los miembros del equipo.
El compromiso de la Asociación con aquellos que están en real necesidad va más allá de nuestra presente habilidad de cubrirlo, sin embargo, no podemos decir que no.
No podemos voltear la cara, pensando que otros vendrán y tomarán el reto. La oportunidad de servir nos ha sido dada a nosotros, y nos sentimos privilegiados de poder ser instrumentos por medio de los cuales el amor de Cristo es mostrado en esta generación.

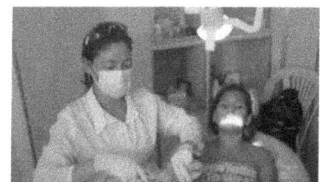   

...y si dieres tu pan al hambriento, y saciares al alma afligida, en las tinieblas nacerá tu luz, y tu oscuridad será como el mediodía. Isaías 58:10

Otros libros del autor

Obras y trabajo literario de JA Pérez.

La página impresa ha sido y continúa siendo un renglón importante en la labor de este ministerio. JA ha escrito libros en las categorías de vida cristiana; teología; escatología; evangelismo y misiones; formación de líderes y ministros; y también historietas y ficción para mentes jóvenes y aficionados a la aventura sana.

A continuación presentamos algúnos de estos libros.

La Ciencia del Pobre

¿Cómo te ve Dios aun cuando estás en duras situaciones económicas? ¿Tendrá Dios un buen plan para tu vida aun cuando has estado por un largo tiempo en el olvido? Estas y otras interrogativas son tratadas con una clara perspectiva bíblica en este libro. Tomando sabiduría de la mano de Salomón este libro persigue ayudar al lector a entender que independientemente de las circunstancias presentes en su vida, Dios tiene un propósito para la misma.

Saber Llegar: No se trata de llegar primero

La carrera de la vida es una larga carrera. Requiere mantenimiento, constantes reajustes, y paciencia... Es de eso que trata este libro. "Cómo aprender a correr con paciencia". El autor echa mano de anécdotas, fábulas y experiencias de su vida personal, para llevarnos por medio de esta jornada a un lugar de entendimiento en cuanto a la vida que tenemos por delante.

Las Reglas que Regulan la Abundancia: 10 reglas elementales que le ayudarán a prosperar de la manera que Dios quiere

Echando una nueva luz sobre conceptos bíblicos y prácticos en la arena de la economía. Éste libro trata con 10 reglas elementales que le ayudarán a prosperar de la manera que Dios quiere, a la medida que también prospera su alma (3 Juan 1:2). Este libro traza medidas sanas que alinean nuestras finanzas al pensamiento de Dios expresado por hombres sabios en forma de proverbios y consejos para la mente común.

El Fin de Toda Jactancia: Exaltando la completa obra de Jesucristo

La Salvación es un regalo de Dios. Es gratuito. No tenemos que hacer nada para ganarlo, una vez dado ese regalo, es seguro y es eterno. Nuestras obras no nos pueden acercar a ese don, aunque fueran buenas obras, no son lo suficiente buenas como para pagar la demanda del pecado. Sin embargo, se ha edificado un entero sistema religioso alrededor de la idea de que el hombre es capaz de salvarse y mantenerse salvo por sus propios méritos.

Lecciones de un Viejo Profeta Mentiroso

Aproximadamente novecientos años antes de la muerte de Cristo, vivió en la tierra de Israel un viejo profeta. Este fue usado por Dios grandemente para enseñarnos algunas verdades, aunque él era mentiroso. Este libro exalta la soberania de Dios y nos da unas lecciones practicas que han de mejorar nuestra vida y servicio a él.

Las Suegras: 7 principios para mejorar las relaciones entre nueras y suegras

Este libro es destinado específicamente a tratar con la relación entre las nueras y las suegras. Esta relación, de no ser correctamente atendida, puede producir muchos daños y causar heridas profundas al punto de separar familias enteras. El autor, nos entrega aquí siete sencillos principios que le ayudarán a mejorar su relación, y si esta relación ya es buena.

Los Profetas de Gúlumm: Las Ciudades debajo de la Tierra

Debajo de la tierra de Igglart existen profetas enanos que son sabios. La profecía dice que un día el príncipe regresará y restaurará la alianza entre los hombres y los habitantes de las ciudades que están debajo de la tierra. El libro presenta detalles sobre ciudades y culturas, guerras y razas de gigantes, todo salido de la imaginación del autor. El libro está lleno de conflictos y soluciones con profundos mensajes y moralejas.

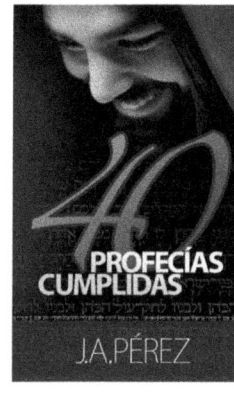

40 Profecías Cumplidas

La historia nos enseña que nuestro Padre Celestial, primero diseña su plan en su mente, luego lo anuncia (por medio de sus mensajeros) y luego lo ejecuta. Así la venida del Mesías fue extensamente anunciada. No solamente las apariciones angelicales a María y José. Durante siglos, Dios estuvo anunciando la venida de Jesús con gran exactitud y abundancia de detalles. En este libro J.A.Pérez nos lleva a 40 profecías especificas cumplidas en la primera venida de Jesús.

Poetas, Profetas y Otros con Imaginación

"En la arena de la Ideas, las reglas convencionales no aplican. Algunas ideas pueden ser interpretadas como locura, pues la mente creativa es tentada a salirse del territorio de la sensatez". (frase del autor) El autor nos introduce en este libro a un mundo ignorado por la mayor parte de nosotros. Explora todas las cosas creativas que saltan de nuestra imaginación y nos trae consejos prácticos que pondrán estilo y fluidez a nuestras inspiraciones.

El Fin: Estado Profético de las Naciones

Un análisis de revisión del panorama mundial, observando cuidadosamente tendencias y cambios en la posición política y económica de ciertas naciones en relación con Israel.

En estas páginas usted navegará una jornada que aclarará conceptos proféticos en temas como: La segunda venida de Cristo (filtrada por el lente paulino); Latinoamérica y su posición como super-poder económico mundial; Israel y la transferencia de poderes de las naciones; y nuestra futura ciudad, entre otros temas.

100 Dias de Comunion, Sabiduria y Gracia

Este no es un libro con una historia que tiene principio y fin. Es un manual, un libro de referencia para la vida diaria. Los consejos en este libro son para ser visitados continuamente, para meditar en ellos y refrescar nuestro espíritu continuamente. Para crecer en comunión con Dios, en sabiduría y conocimiento de verdades del Evangelio, que nos ayudan a vivir seguros, gozosos y libres de culpa.

Juntos: Concejo Internacional

Diseñando ideas que avanzan la cosecha global... El Consejo Internacional de la Asociación JA Pérez está formado por un grupo de amigos, empresarios, intelectuales, y líderes del ámbito político y social que aman y están comprometidos con la labor de evangelismo global. Estos se sientan a la mesa para diseñar Ideas y Proyectos que facilitan y aligeran el proceso de alcanzar a las naciones.

Evangelismo Efectivo: Manual Interactivo Escuela de Evangelismo

¡Qué tremendo privilegio, que Dios nos tome en cuenta en su trabajo de evangelismo! ¿Pudiera Dios hacer el trabajo Él solo? Por supuesto. Para Dios no hay nada imposible. Sin embargo, Él ha decidido incluirnos en la misión de reconciliar consigo al mundo. (2 Corintios 5:18,19) Este Manual Interactivo es parte del alcance "Cosecha Latinoamérica", es usado en la Escuela de Evangelismo de JA.Pérez Association y está diseñado para apoyar cada uno de los cuatro talleres de la escuela.

Ideas: J.A.Pérez en Conferencia para empresarios, líderes y aquellos que piensan...

"En la arena de la Ideas, las reglas convencionales no aplican. Algunas ideas pueden ser interpretadas como locura, pues la mente creativa es tentada a salirse del territorio de la sensatez". (frase del autor) Este es el Manual de la Conferencia Ideas. Versión Participantes. Esta es la versión que necesitan todos los que participarán en la conferencia. Este acompañado del libro "Poetas, Profetas y Otros con Imaginación" forman parte del material de conferencia pero deben ordenarse separados.

Ideas Maestro

Ideas Maestro es para el expositor de la conferencia. Este trabaja paralelamente a Ideas (Versión Participante) y al libro "Poetas, Profetas y Otros con Imaginación por J.A.Pérez". Los Maestros deben solicitar permiso de la Asociación JA Pérez para llevar a cabo una Conferencia Ideas.

Juntos por el Continente

Latinoamérica junto a los otros países de otras lenguas que forman el continente americano, están posicionados para la cosecha más grande en la historia del evangelio. Nada lo sobre pasa. Ningún otro continente ha visto cosa igual. Ya se comienza a ver. Pero esto no es el trabajo de un hombre. Toma un equipo de muchos para poder completar una tarea tan gigante. Juntos podemos alcanzar más!

Juntos por el Continente Versión: Pastores

Este libro habla de los beneficios que un festival trae a la Iglesia local y presentamos áreas en las que JUNTOS podemos trabajar a favor de la cosecha. Cómo movilizar el equipo de oración, voluntarios y cómo preparar el festival.

Juntos: En la Jornada

Toma un equipo para levantar una cosecha... En un evento colaborativo, compartimos la labor usando los dones y potencial específicos de cada ministerio para alcanzar una ciudad. Predicadores, Maestros, Consejeros, Ministros de Alabanza, Poetas, Mimos, Ministerios de Niños.... todos trabajando simultáneamente en diferentes áreas de una ciudad y luego juntándonos en el festival. En equipo podemos traer ciudades a Dios.

Juntos: En la Cosecha

Toma un equipo para levantar una cosecha... y ese equipo lo forman los que van a la labor en esas misiones y los que quedan detrás, apoyando en oración y financiando cada operación. "Porque conforme a la parte del que desciende a la batalla, así ha de ser la parte del que queda con el bagaje; les tocará parte igual. 1 Samuel 30:24"

Nuestros libros pueden ser obtenidos en librerías y distribuidoras mundialmente.
Para una lista de librerías, puede ir a:
www.japerez.org/libros   o a www.47books.com

Permítanos orar con usted...

Permítanos orar con usted

Díganos su necesidad y nuestro equipo de Compañeros de Oración estará orando con usted diariamente.

Nombre Completo   Edad

Domicilio

Ciudad   Estado   Código Postal

Teléfono   Email

Escriba sus necesidades de oración para orar con usted.

Enviar por correo a:
JA Pérez Association
P.O. Box 211325 Chula Vista, CA 91921 USA

www.ingramcontent.com/pod-product-compliance
Lightning Source LLC
Chambersburg PA
CBHW080413170426
43194CB00015B/2814